# 金印再考

—委奴国・阿曇氏・志賀島—

雄山閣

**金印「漢委奴国王」**（国宝：福岡市博物館所蔵）
上：全景、中：印面、下：封泥（陰刻）印譜

総高 2.236 cm ／印台高 平均 0.87cm
蛇紐長 2.14cm ／紐幅 1.274cm ／紐高 1.312 cm
印面一辺 2.347cm（≒後漢初期の一寸〈2.35cm〉）
重さ 108.729 g
材質 金：銀：銅＝95.1：4.5：0.5（22k 相当）

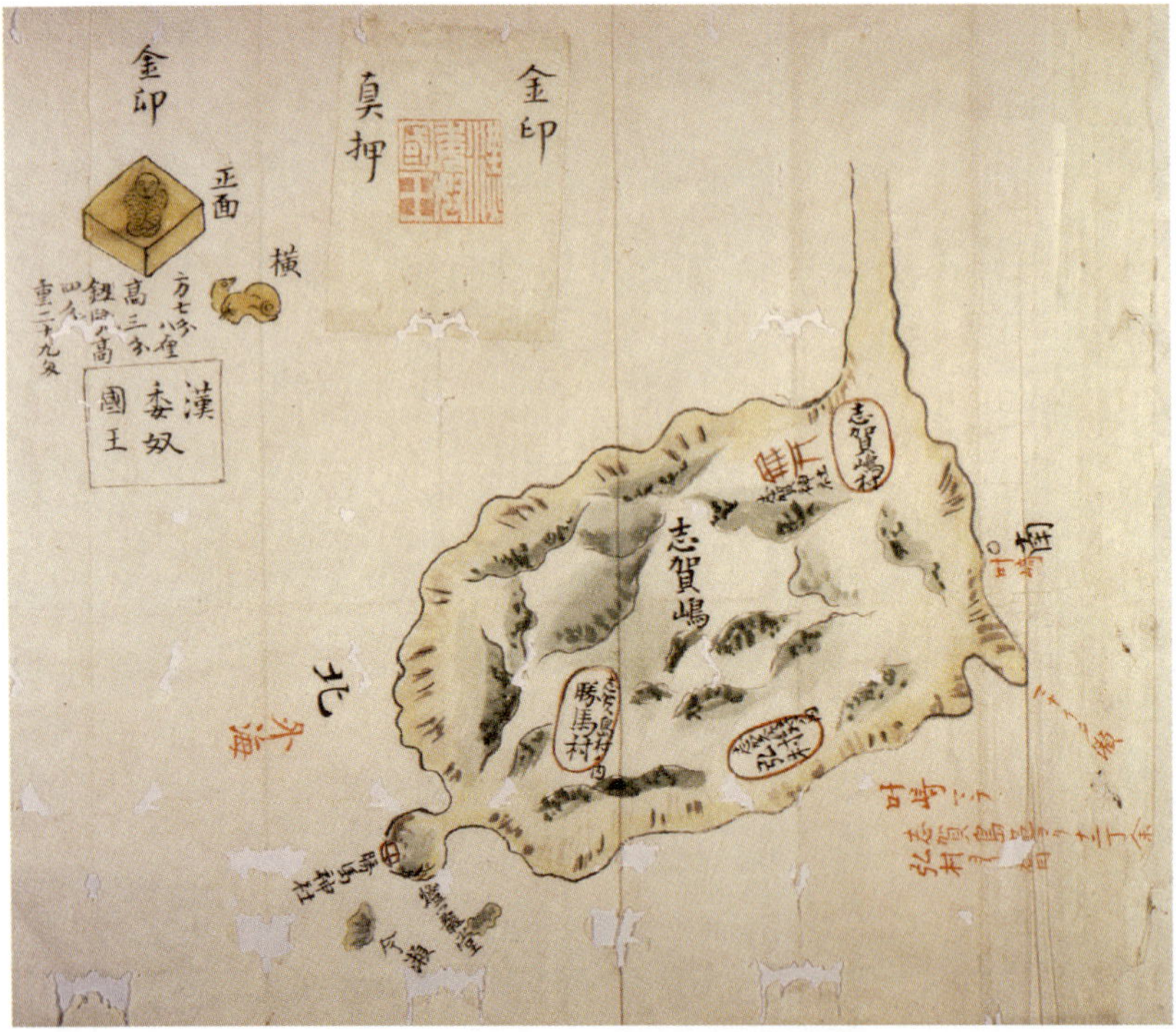


亀井南冥筆「金印弁」に掲載された志賀島の絵図（福岡市博物館所蔵）

# 序文

まずもって、ここに大谷光男先生のご近著に寄せて序文を書かせていただくという無上の光栄に浴し、心から深く感謝申し上げます。

大谷先生と申せば、志賀島出土の国宝金印のご研究を連想される方々が少なからずおられることでしょう。そのご業績は、昭和三十二年（一九五七）に『日本歴史』第一〇二号に発表された「金印発掘口上書及びその関係文献について」の名論文を嚆矢として、数多くのご著作からじゅうぶんに知ることができます。そして、『研究史　金印』（吉川弘文館、昭和四十九年）や『金印研究論文集成』（新人物往来社、平成六年）と合わせて、今回の『金印再考—委奴国・阿曇氏・志賀島』は、大谷先生の金印研究のいわば三部作の一つを飾るものといえましょう。それと同時に、このたびのご上梓は、先生が金印研究に着手されてから六〇年余りが経過していることから申しますと、先生の総集編もしくは集大成という意義も込められていましょう。一方、「あとがき」で記されていますように、八十八歳というご高齢の御身での終結宣言の書であるかもしれません。

大谷先生の金印研究の特色の一つは、暦日や日食などの天文年代学を補助学として導入されている点にあります。そのご成果の一部は、『古代の暦日』（雄山閣出版、昭和五十一年）として結実しており、上記の三部作とともに併読していただきたいと思います。

さて、本書は大きく三部構成になっています。まず、アジア諸地域の金印に関する学史的検討にもとづいて、志賀島発見の「漢委奴国王」金印に刻まれた後漢代の「委奴国」の存在と読み方に対して独自の見解を示されています。つまり、後漢が蛮夷諸国に授けた金印紫綬は一国に授けたもので、一国内の一部族に授けられることはなかったという用例や、『旧唐書』倭国日本伝に「倭国は古の倭奴国なり」と見えることなどから考えて、「委奴国」は倭国の中の一国とは考えられず、ヤマトの国すなわち倭国と、そして「委奴国王」は倭国王と読むべきだと主張されています。ご承知のとおり「委奴国」の読み方には諸説ありますが、ここで先生の立場を明確にされています。また、後漢末のころに、委奴国が狗奴国内の部族の結集によって滅びますと、金印は遺棄されたとされます。その狗奴国については、九州南部の隼人説をとられるなど、邪馬台国問題にも言及されています。

つぎに、金印出土地が現在は福岡市東区志賀島に当たります。金印が発見されました当時の近世には筑前国那珂郡志賀島村に属していましたが、さかのぼって古代には同じく筑前国の糟屋郡志珂郷に属していました。ここで志珂郷と申せば、『万葉集』で筑前国司の山上憶良が詠んだ志賀の白水郎《あま》の荒雄《あらを》のことを想起します。その白水郎は、『日本書紀』に登場し、海人族を統率する豪族である阿曇連の部民であることや、奈良時代の天平年間から京に上るようになって安曇姓に改められたことなどについて論証されています。ともあれ、後に阿曇氏の根拠地の一つになる志賀島から金印が出土したことは、金印の時代、つまり弥生時代後期初の一世紀中ごろにさかのぼって、志賀島が海を介した対外交流との係わりを示すことを物語るものでありましょうか。

最後に、金印を発見した百姓甚兵衛の口上書の検討から、金印出土の経緯を分析されています。そのうち、たとえば口上書に見える甚兵衛の「私抱田地」に対して、もともと甚兵衛が所有していた田地で、「叶の崎」はそこに接続する荒地を開墾した切添地であるとして、新たな解釈を提示されました。また、志賀島ではじめて創建された寺院として金剛山吉祥寺を紹介されています。同寺は博多承天寺の末寺として、おそらく鎌倉時代の一三世紀ごろの創建と思われます。吉祥寺には南北朝時代の一五世紀のころから文殊像が安置され、文殊信仰が盛んであったようです。志賀海神社にある騎獅文殊渡海図も、吉祥寺の文殊像とともに、航海の守護神として志賀島の海人族の信仰を集めたと思われますが、さかのぼって金印の時代に海に生きた志賀島の海の民に思いを馳せたいと思います。

志賀島において金印が発見されてから二三〇年の歳月が経ちました。その間に多くの学者が金印をめぐる諸問題の解明に取り組んできました。その中でもとくに、大谷光男先生のご功績には計り知れないほど多大なものがありました。その上に、このたび新たな資料や解釈を紹介されて、また一歩研究が前進しました。

金印研究にも係わる後進の一人として、大谷先生の学恩に改めて深甚の感謝の誠を捧げますとともに、引き続き金印研究に微力を注ぎたいという思いをお伝えして、序文に代えさせていただきます。

二〇一四年四月三日

海の道むなかた館長
九州大学名誉教授
西谷　正

# まえがき

拙書の内容は、天明四年（一七八四）に現在の福岡市志賀島から「漢委奴国王」と刻まれた金印が発見されたことに関連して、（1）志賀島村甚兵衛の口上書、（2）漢代の倭奴国の存在と読み方、また志賀島は記紀によれば古代阿曇氏の根拠地の一つであるので、（3）阿曇氏の盛衰についても筆を執った。阿曇氏は古代豪族の一氏族であるが、奈良時代の天平年間から京に上るようになると、安曇の氏名《うじな》に改め、平安時代延久元年（一〇七二）になると、太宰府市の観世音寺十一面観音像銘にも僧安曇とあって、志賀海神社《しかのうみじんしゃ》の社司を除いて、九州からも阿曇氏名は一掃されたようである。後に長講堂領となった志賀島には阿曇氏名がみえず、その史料（島田家文書）を紹介して、拙書の纏めとした。

私が旧福岡藩主である黒田家所蔵の金印を研究するようになったのは、昭和二十六年に大学を卒業して直ぐに、三年間という大病を煩っている間に、金印に対して左のような補助学をもって臨んだことを始めとする。（1）金印は『後漢書』倭伝によれば、後漢初代の光武帝時代に属するので、太初暦の暦日と『後漢書』の太初暦行用時の暦日とが矛盾していないか。（2）光武帝時代の『後漢書』の帝紀と五行志に記載されている日食記事が正確であるか。いわゆる天文年代学を古代歴史研究の補助学として計画したのである。

（1）は咸豊五年（一八五五）の序のある清の汪曰楨『歴代長術』五十三巻を要約した。その際『歴代長術輯要』（光緒四年〈一八七八〉序）を用いたが、幸いにして現在は「太初暦」（漢太初元年〈前一〇四〉～後漢元和元年〈後八四〉）が日本において完成している（未刊）。（2）は東京商船大学渡辺敏夫教授（当時）の恩恵を浴したことはいうまでもないが、東京大学内田正男専任講師（東京天文台。当時）が光武帝在職の三十三年間に、地球上で起った日食を「オポルツェルの日食表」（一八八七年、ウィーン刊）[Th.v.Oppolzer: Canon der Finsternisse, Wien, 1887] を用いて、八十五食（皆既食・金環食・部分食）すべてを計算して下さった。その結果、後漢の都である洛陽で観測された日食は『後漢書』に残らず記録されていたことが分かった。これら科学的事実の成果を得たので、私は黒田家の好意によって、中島利一郎氏から有名な志賀島村庄屋長谷川武蔵筆になる「天明四年　志賀島村百姓甚兵衛金印掘出候付口上書」（包紙上書）を借用して志賀島に渡った。昭和三十年春のことであった。早速、志賀海神社の宮司を子息に譲られた阿曇磯美氏と面会、子息の宮司・志賀島町長の磯興氏によって村の史料を拝見することができた。さらに町立志賀中学校長を退職された勝間《かつま》村の北畠菊蔵先生を紹介して下され、金印出土時の志賀島村庄屋（勝間村と兼職）の長谷川武蔵家（現在は蒲地姓）で、武蔵の自筆を確かめ、かつ、先生が収集された土器、近世地方《じかた》文書類の公開を得た上で、念願の「金印発掘口上書及びその関係文献について」（『日本歴史』102　昭和三十一年十二月）を執筆（齋木一馬氏校閲）することができたのである。かくして以後、金印研究に従って今日に及ぶこと六〇年をむかえたのである。

なお、今回の拙書出版の意図は、さらに本年で米寿をむかえたこと、また平成二十一年にはＮＰＯ法人志賀島歴史研究会の名誉顧問に推されたので、このたび謝意を込めて執筆を企てたのである。

しかし、すでに発表した論文は、この拙書には二点を収め（Ｉ部の１「金印蛇紐「漢委奴国王」に関する管見」、２「「漢委奴国王」印研究の紹介―華亭釈澂・細井金吾・本居宣長」）、一部分を削除・加筆したが、その他は未発表の原稿である。なお時間的に経過した稿が多いので、なかには発表の稿と矛盾する稿があるはずである。その矛盾が今後の研究の主題（テーマ）になることを考え、敢えて加筆削除をしなかった。なお、再考をしなかった理由の一つは眼の衰えが原因とはいえ、ご叱正のほどを願うれば幸甚である。

1　拙書で引用した著書・論文などの著者の職名（教授・専任講師等）は、筆者と交流のあった現役時代の名称であって、現時点については省略した。

2　原文の読み下しは岩波書店の刊行本を多く使用した。

■目次■

# I　金印紫綬をめぐって

# 一　金印蛇紐「漢委奴国王」に関する管見

## 序　言

天明四年（一七八四）に金印「漢委奴国王」が発見されてから今日までの、研究・論考を全て列挙することは困難である。金印出土の地は、今日の福岡県東区志賀島であって、古代には阿曇族の根拠地の一つであった。記紀の神代上巻には左のごとく記されている。

筑紫の日向の橘の小門《をと》の阿波岐原《あはきはら》で禊《みそ》ぎ祓《ばら》いをした時に、海の底《そこつ》・中《なかつ》・表《うはつ》から「ワタツミ」三神と、「ツツノヲ」三神が誕生したが、「ワタツミ」三神は阿曇連等が祖神として祭る、とある。『先代旧事本紀』には、「この三神は筑紫の斯香《しか》神とし斎《いつ》き祀る」（原漢文）と加えている。「ツツノヲ」三神は『古事記』に「墨江の三前の大神」、『日本書紀』には「住吉の大神なり」とあって、阿曇連のように、氏の祖神として祭るという記載はないが、神功皇后摂政前紀（仲哀天皇九年十二月）によれば、皇后が新羅から凱旋《がいせん》し、三神の荒魂《あらたま》を穴門国の山田邑の地に鎮祭した際、穴門直《あたひ》の祖践立《ほむたて》を津守連祖田裳見《たもみ》宿禰が神主として社を建てたという。なお「ツツノヲ（筒〈之〉男）」の「筒」を星（夕星《ゆふつつ》）と解釈して、「ツツノ男」三神を航海の神とする説がある。住吉神社の津守氏が遣唐使船の神主となるのが通例であるので否定はできないが、書紀神代上の一書にみえる磐筒《いはつつ》男神（『古事記』上巻では石筒之男神）の名義の解決がつくまで暫く保留したい。

さらに問題がある。「ツツノヲ」三神が筑紫から摂津国に本拠を移し住吉神社を創建した理由は、大和朝廷に組み入れられたので、住吉大神になったのであろう。一方の阿曇氏は「ワタツミ」三神を祭り、筑紫に本拠地を置いていたが、記紀の編纂時には、すでに勢力を失っていた。『古事記』上巻の海幸彦と山幸彦との説話の中で、綿津見大神とみえるが、氏神の大神ではない。ところで、阿曇連氏の本拠地は、摂津国西成郡安曇江（現・大阪市中央区安堂寺町）という説が発生している。[1] 理解に苦しむところである。筑前国糟屋郡新宮町を阿曇郷の本拠地とする説は（『国史大辞典』1）、当地に綿津見神社があり、説得力もある。

次いで、甚兵衛の金印発掘口上書において一番問題となるのは、冒頭の「私抱田地叶の崎」とある「抱田地」である。柏書房刊『日本史用語大事典』用語編（一九七八年）をみると、「抱田地、江戸時代、村外居住者の所持する田地。または賃金などの担保として保管する田地」とあるが、抱田地の用法は地域により、また時代によって異なる。この点については本書の「あとがき」を参照されたいし、今後の研究を期待したい。先ずは志賀島の阿曇氏所蔵の寛政二年（一七九〇）名寄帳の発見が、志賀島では急務である（本書Ⅲ－二参照）。

金印本体に問題を移すと、「漢委奴国王」の金印は、後漢時代は少府の尚方で鋳造されたと考えられるが、さらに具体的に追究したい。印台の「紐《つまみ》」を「鈕」にして、房玄齢らの編『晋書』輿服志に載るようになった経緯については、小林斗盦《とあん》氏から後述の通り教示を受けることができた（註（5）「なお……」以下参照）。

金印に刻した「委奴国」が金印紫綬を授かったとすれば、倭国中の一国（氏族）とは考えられない。『翰苑』倭国伝が引く『後漢書』には「倭奴国」の箇所を「倭国」とあらわし、『旧唐書』倭国日本伝の冒頭に「倭国は古の倭奴国なり」（原漢文）とあるのは後の文献であるが正しい。日本の古代の地名で「奴」字が下に付く国郡県名を探すと、源順編『和名類聚抄』の国郡部山陽道の項に「備後国甲奴郡」があり、[2] 訓は

「加不乃《かふの》」とある。「奴」を「ノ」と読んでいる。現在では広島県三次市甲奴《こうぬ》町となって、「甲奴《こうぬ》」と読まれている。前後するが、元明天皇和銅六年（七一三）五月甲子の日に通達した「畿内と七道との諸国郡郷の地名は、好《よ》き字を着《つ》けよ」（原漢文）という民部省発令以前の、同二年十月には奴の字を「努《の》」字にしている。また、末松保和氏は新羅史の研究で、[3]「奴礼王」（『三国遺事』二）・「奴同覔」（『三国史記』地理一）の「奴」を索引でみると、「奴（トをみよ）」とあり、確かに「ト」音の部にある。古代の新羅で「奴」は「ト」と読んでいた可能性もある。萬葉仮名には奴「ド」の音はあるが、「ト」音はない。なお『漢書』地理志と『続漢書』郡国志から「奴」字が付く県名（郡名になし）を列挙すれば左の四県である。但し、県数は地理志によった。

(1) 高奴県（上郡二三県のうち）、(2) 雍奴県（漁陽郡一二県のうち）、(3) 狐奴県（漁陽郡）、(4) 盧奴県（中山国一四県のうち）

両漢では「奴」の文字の発音は「ど」の音が一般的に用いられ、漢音の熟語では例外がない。もちろん「ぬ」音と共用されるばあいがある。

従来、阿曇氏と安曇氏とは区別なく扱われてきたが、[4]自ずから区別のあったことを、史料を掲げて記述した。その結果、阿曇氏は鎌倉時代をむかえる前に、歴史の舞台から姿を消している。平安時代の延久元年（一〇六九）七月に貢上の福岡県太宰府にある観世音寺の十一面観音像銘に「僧恵久安曇國貞」「僧□安曇國清」などの氏名が刻されており、この頃には、既に阿曇郷でも阿曇氏は立ち去っていたか、改氏していたのであろう（本書Ⅱ－三・四参照）。

なお、范曄撰『後漢書』倭伝の問題の一つに、建武中元二年の「倭奴国、奉貢朝賀す。使人自ら大夫と称す。倭国の極南界なり。光武、賜うに印綬を以てす」（原漢文）とある「倭国の極南界なり」の記事である。

この文がなければ、何の問題もないといえる。文意は従来、倭国に倭王がおり、倭国内の一地域に奴国が存在するということである。しかも奴国は金印紫綬を下賜されていたというのである。漢帝国は貢献する蛮夷諸国に対し、同一民族で建国した国王にのみ列侯待遇の金印紫綬を授けている事例から判断すると、「倭国の極南界なり」は後世の加筆とみられる。『翰苑』倭国伝が引く『後漢書』には「倭奴国」は「倭国」とあり、また「倭国之極南界」の記事はない。北宋版『通典』東夷が引く倭の条には、さきの倭伝に続く「永初元年倭国王帥升等、献㆓生口百六十人㆒、願㆓請見㆒」とある倭国王を、「倭面土地王師升等、献㆓生口㆒」とあり、「ヤマト国王」と読まれた形跡がある。

ちなみに、小林斗盦氏は倭奴国の朝賀について、[5]

「倭」は倭人の住む国を示すので、倭種の一酋長奴の国の王が朝貢したのである。ついでに、蛮夷印に「国」字が入らないのが通例であるが、この金印に関しては委という民族集団の中に一地方を占める奴という国の王をいう意味であるから、「委奴王」とすれば「委奴」二字が民族の総称となってしまうのだ。その最も好い例が、卑弥呼が受領したという「親魏倭王」の印文で、これは倭という民族の王であるから「国」字を入れないのは、当然のことである。

と述べている。しかし、「倭奴国」と「国」文字があるのは、漢帝国が委奴国を独立国と認めていたからであろう。「親魏倭王」のばあいは「倭国王」でないので、独立国とは認められず、魏帝国に組み込まれていることを表している。[6]「魏志」明帝紀の太和三年（二二九）十二月に、大月氏国王波調が明帝に使を遣わして奉献、「親魏大月氏王」に任命されたのも、倭国と同様の待遇である。大月氏国は西域の遠隔地からの朝貢の上、朝儀参列するなどが、金印紫綬を授けられた褒章であろう。なお、倭国が日本と改称して七百年近い室町時代の応永九年（一四〇二）に、足利義満は明国の成祖より冊封された。その翌年には金印亀紐「日本国王之印」が下賜されている。その効能は日本にとって勘合船貿易が、明国にとっては倭寇対策の一環の中で授けられたもので、日本の朝廷側には何の恩恵もなかった。勘合船とは明国との正規な貿易船で、割符をもって確認し、勘合紙は明国から届けられ、金印の保管、捺印は相国寺鹿苑院蔭涼軒主が行っていたことがある。その貿易は朝貢貿易のため、明国に滞在中は一切の負担が明国に及び、かつ日本の貿易による利益は莫大であった（『大乗院寺社雑事記』）。

金印は勘合紙に捺印する関係で、厳しく管理されていたはずであるが、大永三年（一五二三）四月に、細川・大内の両守護大名が各使節を明国に派遣して、貿易を行う手続きの際に、金印を持ち出し、戦乱によって失ったものと考えられている。

大永七年（一五二七）八月、将軍足利義晴は、明国の世宗皇帝に国書をもって、「前代に賜る所の金印、頃の兵乱に因って、その所在を失い(7)」（原漢文）と再給を願ったが、皇帝からの返書はなかった。その後、朝鮮との文禄の役（一五九二）が一段落した時に、小西行長が朝鮮との講和を取り纏めて、明国の神宗に謁見する。

文禄五年（一五九六）九月朔日に、冊封使楊方亨が神宗より秀吉に宛てた誥命と勅諭・別幅とを持参し、勅諭に秀吉に対して「爾、平秀吉を封じて、日本国王と為し、錫《たま》うに金印を以てし、加えて冠服を以てす」（原漢文）とあったので、これを聞いた秀吉は、明国の冊封を怒り、冊封使を追還したという（『史料綜覧』）。その結果は朝鮮への再出兵となった。ところが、神宗から授かった冠服であるが、別幅には「五章絹地紗皮弁服」「七旒皁縐紗皮弁冠」とあり、前者は京都市東山区にある妙法院（門跡寺院）に現存している。琉球王と冠服は同一である。しかも琉球王の印章が「駝紐鍍金銀印」であるので、秀吉に金印を下賜するというのは異例のことであろう。この金印を探す手立てはないものであろうか。勅諭などは肥前の蓮池成留氏が所蔵していたと伝える（伊藤松『鄰交徴書』天保十一年刊）。

倭奴国のばあいも、「桓・霊帝の間、倭国大いに乱れ、更々相い攻伐し」(8)（原漢文）て、金印を失っていたのであろうか。しかし江戸時代の天明四年（一七八四）に発見されたのは奇遇のことであるが、日本古代史研究上、極めて幸運であった。

## 1　金印研究に問題提起

### (1) 甚兵衛の金印発掘口上書《こうじょうしょ》の疑問点

有名な「漢委奴国王」金印が出土して、今年は二二三〇年目に当たる。天明四年（一七八四）二月、水田の水利工事の際のことである。奇しくも同月始めには、福岡藩校修猷館《しゅうゆうかん》（東学問所）と甘棠館《かんとうかん》（西学問所）が創立された。学科は漢学で、代表儒官は前者が朱子学派（貝原益軒系）の竹田梅廬、後者が徂徠学派の亀井南冥であった。当時の世情は天明二・三年に九州地方を大凶作・飢饉が襲い、同三年七月には信濃国の浅間山が大噴火をして冷夏となった。その結果は、百姓一揆が全国的に頻発、農民流亡のため農村は疲弊し、同六年には老中田沼意次が免職となる状況であった。

金印が出土した志賀島は福岡市博多湾の入口に浮かぶ小島であったが、現在は砂嘴《さし》による「海ノ中道」で陸繋化されている。面積は五・八七平方キロメートルの楕円形で、一周する道路は約九・五キロメートルという。島の景観は風光明媚で、福岡湾から玄界灘を眺望できる珠玉の島として広く膾炙されている。

金印発掘の甚兵衛の口上書の表書は「那珂郡志賀島村百姓甚兵衛申上ル口上之覚」とある。筆者は志賀島村庄屋である長谷川武蔵であるが、本来、金印発掘当時の武蔵は北隣の勝馬村の庄屋であって、志賀島村の庄屋を兼務していた(9)。

篆刻・鋳造の諸家による、出土の金印は贋造説は小林斗盦氏が代表となって一蹴されたが、世間を騒がせた一端は、この口上書にもその責任がある。問題は口上書の冒頭に、

一、私抱田地叶の崎と申所、田境之溝水行悪敷……

とあって、第一に、甚兵衛は口上書による志賀島村の本百姓であるが、住居は何処か。金印発掘に協力した秀治（小作人か）は志賀島村の小路町に住む（阿曇氏蔵『萬暦家内年鑑』天明四年二月二十三日条）。第二は、甚兵衛に関する現在唯一の史料である「寛政二年（一七九〇）五月「那珂郡志賀嶋村田畠名寄帳」中・下冊」から小字名である「叶の崎」を探ると、「叶崎」とあり、耕地の等級は中畠・下々畠とあって、水田は見当たらない。いわゆる島の方向を指したものであって、庄屋の武蔵は金印出土地を確認していないことがわかる。さらに第三は「抱田地」とは如何なる田地か。この問いに答えられる参考書は小宮山昌世《まさよ》の『地方問答書』が挙げられる（『近世地方経済史料』八）。

小宮山杢之進昌世（安永二年〈一七七三〉没）は幕臣で、享保六年（一七二一）家督を継いで代官となった。支配地は海道筋の甲斐・（下総・上総）で、石高一三万七八七〇石（享保十四年）であった。農政の専門家として知られ、幕府の質問に対する昌世の答申が有名な『地方問答書』である。その後に『田園類説』（文政十一年〈一八二三〉が上梓（三冊）され（無窮会蔵）、天保十三年（一八四二）には谷本教・大石久敬の増補、

山内董正の解説による『増補田園類説』（上・下巻）が上梓されている。その下巻「出作入作越石持添之事」の文中に抱田地について、

按、抱田地、抱屋敷の名目《みようもく》有、其百姓にあらずして、外より所持するをいふ。

とある。近世の抱田地の地方文書は享保以前からある。また抱田地の解説には大石久敬が寛政六年（一七九四）に著した『地方凡例録』（上巻、巻之四）に、前書と同様に「出作入作持添之事」の項目を設けて、「右名目（持添）の外に、抱田地、抱屋敷などの名目ありて、之は其村の百姓にはあらずして、其村の田地、屋敷を所持するを云」とあり、内容は同文に等しく特に展開はない。

現在までに蒐集した抱田地の史料は、質地・売渡・金子借用にかかわる証文が主で、さらに岡本顕実（九州産業大学講師）と板橋皓世《ひろよ》（山口市歴史民俗資料館学芸員）の両氏の協力で、具体的に抱田地の内容が明らかになりつつある。抱屋敷については、明治大学の門前博之教授が幕末の常陸国水戸領の牛堀村（茨城県潮来市）須田本家文書を調査したところ、『地方凡例録』の抱屋敷の定義に反して、

屋敷地とは村内上層が多く所持すること、また、他村の所持者も存在することなどから、抱屋敷とは買得あるいは抵当として集積された屋敷などではないか、と推測される。(10)

と述べており、抱田地についても、時代差・地域差もあろうが、村外の所有者に限定されるとは考えられない。柏書房刊の『日本史用語大辞典　用語編』では、「江戸時代、村外居住者の所持する田地、また賃金などの担保として保管する田地」(11)とあり、なお吉川弘文館刊の『国史大辞典』で「抱地」をみると、「元文二年（一七三七）以降は一般農民にも抱地を許したが、……多くは新田開発による開発地や切添地のほか、潰百姓の跡地や散田前の地を譲り受けて耕作する土地であった」（渡辺隆喜）とある。「抱地」と「抱田地」

とは同一に解釈してよいものか、筆者は浅学にして高説を期待したい。その一例で、九州大学にある三苫文書（法制史料）中の、正徳四年（一七一四）二月の質入証文に、年貢に差し支え、抱田地を質入し、米四俵を借用とあるので、抱地と抱田地を直ちに同一視することはできないのではあるまいか。一般農民には元文二年から抱地を許可したというのも、年代からさえ疑問が生ずる。しかし、門前教授は「抱田地・抱畑などの福岡藩でも普遍的に使われていたのではないでしょうか。……その意味内容は『国史大辞典』に説明のある抱地と本質的には同じなのではないかと思います」という、筆者の質問に対する書簡を頂き（二〇一二年十一月十日付）、改めて調査している次第である。

## (2) 金印蛇紐「漢委奴国王」の出典

金印「漢委奴国王」の出典は、福岡県の太宰府天満宮に伝存する、中国唐代の『翰苑』の倭国伝に、「中元之際、紫綬之栄」とあることによって、志賀島出土の金印が現実的に裏づけられたのである。周知のように『翰苑』は唐の張楚金撰、雍公叡の注である。[12]「紫綬之栄」の紫綬は金印紫綬である。[補註1]この史料によって、百衲本『後漢書』倭人伝の「建武中元二年（五七）倭奴国、奉貢朝賀す。倭人自ら大夫と称す。倭国の極南界なり。光武賜うに印綬を以ってす」[補註2]（原漢文）に比定することになった。『日本書紀』がこの『後漢書』の記事を採用しなかったのは、光武帝の印綬下賜を嫌ったこと、さらに『日本書紀』には「朝賀」の文字の使用例がないことにもよろう。また印台の「ツマミ」を今日では「鈕」の文字を用いているが、『晋書』の輿服志の時代まで遡り、「玉璽螭獣鈕、皇太子金璽亀鈕、諸王金璽亀鈕」と「紐」が「鈕」にあらためられている。一時、『宋書』礼志で「紐」に戻したが、しかし、『遼書』儀衛志符印で再び「鈕」に戻っている。高麗・朝鮮・琉球などは「紐」を用いている。日本が「鈕」を用いるようになるのは、明の『集古印譜』（王常編、顧従徳校）『秦漢印統』（明、羅王常編）など悉く「鈕」字を用いたがためであろう。日本の現況は「鈕」字に統一されているといえる。漢代の「漢委奴国王」の「ツマミ」は「紐」字が用いられ、蛇（虵）紐という。漢代の西南夷の有名な金印蛇紐「滇王之印」が発見されて、金印蛇紐の問題は解決した。

金印紫綬は漢国内では列侯が授かり、『漢書』百官公卿表第七上を開くと、「列侯が食《は》む所の県を国と曰う」（原漢文）とあり、封地を授かった。周知の通り、列侯は通侯・徹侯などともいわれ、列侯が授かる印の大きさは漢代尺の一寸四方、紫綬の綬《くみひも》の長さは一丈七尺（漢代の一尺は約二三・五センチ）で、金印の印台の紐《つまみ》に紫色の綬を通して首に下げ、外部に列侯であることがわかるようにして金印を懐に入れていた。また、後漢の朝廷は印章などを何処の部署で鋳造させたのであろうか。おそらく、皇帝の礼服・宝貨・珍物などを収める少府の属官である「尚方《しょうほう》」で鋳造されたのであろう。

紙が普及していない時代の印は、陰刻で、文字は篆体であった。出土の金印「漢委奴国王」の文字は漢篆といわれている。漢制による皇帝（天子）の六璽はみな武都の紫泥を用いて封をしたという（『旧漢儀』）。紫泥を産するのは甘粛省成県の西か。『旧漢儀』に「璽以二武都紫泥一」とある。

古印の研究者は封泥によって印章を偽印か真印か判断されるが、関連して明の来行学撰『宣和集古印史』が載せる「親魏倭王」の印譜は、駄作として知られている。その掲載にいたる穿鑿は今に至っては無理である（本書I－七参照）。

この際、日本の古印についても加えておく。『延喜式』の内匠寮《たくみ》（中務省の被官）には、内印（天皇御璽）・外印《げいん》（太政官印）・諸司印（省・台・寮・司印）・諸国印など、すべてが鋳造銅印とあり、その鋳造印は紙の普及により、すべてが陽刻篆文である。内匠寮は令外官《りょうげのかん》として聖武天皇神亀五年（七一八）七月に新規に設けられた。「天皇御璽」の最古の押印は、聖武天皇天平感宝元年（七四九）で、静岡県榛原郡相良町平田寺《へいでん》蔵、墾田等施入勅書に三十押印されている。『令義解』公式令によると、内印は方三寸、外印は方二寸半、諸司印は方二寸二分とある。諸国印は方二寸、大宝四年（七〇四）四月に鍛冶司《たんやし》に造らせた。

### (3)「漢委奴国王」の読み方

『後漢書』倭伝は、建武中元二年（五七）に倭奴国が光武帝に奉献朝賀し、次いで安帝の永初元年（一〇七）にも、百衲本『後漢書』倭伝に「倭の国王帥升等、生口百六十人を献じ、請見を願う」（原漢文）とある。しかし北宋版『通典』倭の条には「安帝永初元年、倭面土国王師升等《(ママ)》が生口を献ず」（原漢文）とあり、後文の「請見を願う」を欠いている。また「請見」は『日本書紀』に「朝賀」と同じく使用例がない。倭王をめぐっては『翰苑』(12)が引く『後漢書』には「倭面上国王師升《(ママ)》」と「倭王師升等《(ママ)》」、唐類函の辺塞部が引く『通典』倭国には「倭面土地王師升」とある。

『漢書』百官公卿表上によれば、諸侯王は金璽盭《れい》綬が授けられ、皇帝から授けられた国邑（領地）を治め掌る、とある。また爵級が二十級の徹侯は金印紫綬、武帝の諱《いみな》を避けて通侯とも曰う。或は列侯とも曰う。列侯が授かる印綬は右の金印紫綬であり、県を治める。列侯が県を治める出典は『続漢書』に「列侯の食む所の県を侯国と為す」（百官志五、原漢文）とある。

ここで金印発見当時の福岡藩の状況を眺めてみよう。金印が発見された天明四年（一七四八）二月、那珂郡の郡長である津田源次郎より、藩主黒田斉隆《なりたか》に金印が献上され、直ちに甘棠館の亀井南冥に研究成果の報告を命じた。時に南冥は四十二歳であった。南冥は二通を奉書紙に書いて提出したが、その一通は金印の方量などであって、他の一通[13]に左の如く、

唐土之書ニ本朝を倭奴国と有之候、委字ハ倭字を略したる者と相見申候、

と、金印の五文字を読んで差し出している。また南冥は早速『金印弁』（天明四年四月）を著して、金印の紐《つまみ》は蛇紐と公表した。南冥は紐を鈕と記すが、それらの出典は明の顧従徳・王常編『集古印譜』（萬暦二十四年〈一五九六〉）の「蛮夷千長印」の条に、「蛮夷は南蛮の通称なり。其地は蛇虺多し、故に虺鈕と為す」（原漢文）の一条による。この書籍の存在を知らしめたのは、豊後（大分県）の国東《くにさき》郡の三浦梅園であろう。幕府の「書物方日記」によれば、享保十三年（一七二八）に清国から輸入されたものであり、現在は山口県周南市美術博物館に所蔵されているものを借用したと筆者は推測している。なお、南冥は『漢印図説』（天明四年以後）を梅園に贈っている。

印文の「委奴国」を、南冥は「ヤマト（倭奴）ノクニ（国）」と読み（『金印弁』）、藤原貞幹《さだとも》は「藤貞幹考」（天明四年四月）で、伊覩国（怡土国）説を提唱、明治の元号をむかえて三宅米吉は「漢委奴国王考」（『史学雑誌』三ノ三七、明治二十五年十二月）で、「ワ（倭）のナ（奴）のクニ（国）」と読み、それぞれ今日に及んで後継者が活躍している。「奴」を「ナ」と最初に読んだのは本居宣長である。果たして、光武帝は倭国に授けたのか、倭国内の一部族（国）に授けたのであろうか。この問題の解決の手段として、『後漢書』から、皇帝が周辺の蛮夷に授けた金印紫綬の史料を概略列挙してみる。史料にみえる単于は匈奴の最高君主の称号であり、八ヵ国を数える（原漢文）。

(1)　和帝永元九年（九七）、春正月（和帝紀）、西南夷の撣国《たんこく》王の雍由調《ようゆうちょう》が（通）訳を重ねて珍宝を奉じたので、

和帝は雍由調に金印紫綬を賜う（西南夷伝）。

(2)和帝永元十二年（一〇〇）、春二月（和帝紀）、旄牛《ぼうぎゅう》県外の白狼王の唐繒《とうそう》等、十七万口を率いて帰義内属したので、和帝は唐繒等に金印紫綬を賜う（西南夷伝）。

(3)和帝永元十二年（一〇〇）冬十一月、西域の蒙奇と兜勒《とうろく》の二国が使を遣わして内附したので、和帝は二王に金印紫綬を賜う（和帝紀）。

(4)安帝元初三年（一一六）夏（安帝紀は五月）、度遼将軍の鄧遵《とうじゅん》が南単于及び左鹿蠡《さろくり》王（貴族の左賢王の次が左谷（鹿）蠡王）須沈《しゅちん》が万騎を率いて、零昌を北地部の霊州で撃ったので、安帝は須沈を封じて破虜侯と為し、金印紫綬を賜う（西羌伝）。

(5)安帝延光元年（一二二）冬、羌の麻奴（焼当の種号）が三千余戸を将《ひき》いて、漢陽太守に降ったので、安帝は金印紫綬を仮し、金銀綵繒を賜う（西羌伝）。

(6)順帝永建六年（一三一）十二月、日南郡（ヴェトナム）徼外の葉調国と撣国《たんこく》とが使節を遣わして貢献する。東観〈漢〉記に曰く、葉調国王が使者師会を遣わして貢献する。師会を以て漢帰義葉調邑君と為し、その君〈国主便《べん》〉に紫綬を賜う。又、撣国王にもまた金印紫綬を賜う。撣の音は檀なり（順帝紀・南蛮伝）。

(7)順帝陽嘉二年（一三三）春（順帝紀は三月）、匈奴中郎将の趙稠《ちょうちゅう》が南匈奴の骨都侯夫沈《ふちん》らを将《ひき》い、塞を出て鮮卑を撃ち、順帝は詔して夫沈に金印紫綬を賜う（鮮卑伝）。

これらの史料を分析すると、後漢の皇帝が蛮夷諸国に金印を授ける条件には、(a)遠隔地からの朝貢、(b)後漢帝国に帰属、(c)軍事に功績、(d)大軍を率いて降服、などがその対象となるのであろう。しかし、降服の際は仮授とある。

「魏志」倭人伝の景初二年（二三八）に、明帝が倭の女王（卑弥呼）に親魏倭王と為し、金印紫綬を仮授し、しかも使節の大夫難升米・次使牛利に対し破格の高官に任命し、かつ銀印の青綬を仮授しているので、金印紫綬「漢委奴国王」のばあいも、漢代の外臣とはいえ、金印蛇紐が仮授の証といえる。なお、内臣官制による漢・魏・歴代の大夫の印綬は、一部を除いて不明である。漢代の御史大夫は銀印青綬であった。

さらに一言、漢・魏・西晋代の官印章の仮綬をみると、皇帝直属の内臣でさえ、首都（洛陽）より遠隔の地に赴任し、そのために皇帝に拝謁できない際には、郡太守といえども、印綬の多くは仮綬であったようにみえる（『後漢書』竇融《とうゆう》伝・徐璆《じょきゅう》伝、「魏志」明帝紀、『晋書』宣帝紀）。なお、後漢末に近い霊帝時代には官爵が売買され（崔寔《さいしょく》伝）、中平四年（一八七）には金印紫綬を仮授して、関内侯（二十等爵の第二位の爵位）をも売却するという状態であった。さらに晋代になると、印章の紐が鈕に改められ、金章紫綬が誕生し、身分証明として綬嚢《じゅのう》が用いられ、但し、仮印の者には綬を給わらず（『晋書』輿服志）、秦漢印章制度が変容していくのである。

さて、諸王侯に準じ、また公主国を除いて、後漢の皇帝が蛮夷諸国に授けた金印紫綬は、一国（国家）に授け、国内の一部族（国）に授けられることはなかった。したがって、問題の金印「漢委奴国王」の読み方で「カンのワのナのコクオウ」と読む三宅説は退けられることになる。匈奴は前漢の宣帝甘露三年（前五一）に諸王侯待遇による「匈奴単于璽」を贈られ、王莽の始建国元年（九）には準列侯以下の「新匈奴単于章」に改めたので、一時両国は騒然となったが（『漢書』匈奴伝）、光武帝の時代に匈奴は南北に分かれ、建武二十六年（五〇）には南単于に黄金璽盭《れいか》綱綬が授けられた（南匈奴伝）。北匈奴も和帝永元四年（九二）に璽綬を授けられたが（和帝紀）、勢力を失い、順帝漢安二年（一四三）には南匈奴が璽綬を得て国力を伸張させた。南匈奴の官号は『後漢書』南匈奴列伝によって知ることができるが、(14) 詳細には理解しがたい。匈奴で金印紫綬を授けられたのは、さきの史料(4)が示す南匈奴の左鹿蠡王須沈であるが、元初三年（一一六）に漢室から破虜侯という爵位（功臣）を授かってからのことである。国内の分裂沙汰があったとはいえ、単于の配下にあって金印紫綬を漢帝から授かった王などの存在は予想に反していない。発掘によって現存する漢匈奴印は銅印であり、南匈奴に限られている。すでに報告されているが、三顆ほど掲載する。

1　銅印駝鈕「漢匈奴／悪適尸《あくてきし》／逐《ちく》王」（大谷大学蔵）。悪適は民族名、尸逐は南匈奴の王号。他に石印　鼻紐（陝西省西安市永紅路公社旧蔵）がある。一九七一年出土。

2　銅印駝鈕「漢匈奴／栗借温《りつせきおん》／禺鞮《ぐうてい》」（綏遠省出土）。栗借は南匈奴の爵号か。温禺鞮は王号。

3　銅印（紐欠）「漢匈奴／爲鞮台《いていだい》／耆且渠《きしょきょ》」（陝西省出土）。爲鞮台者は民族名か。且渠は官名。

漢帝国は周辺の諸国・民族に対して、軍事目的からの判断の上、東夷・南蛮・西戎・北狄という蔑んだ呼び方から、さらにその所属する国や民族にまで好字を用いることを避けている。倭国は漢代に三十国が漢室に朝貢し、それぞれ漢文化を摂取していたという。建武中元二年、倭国中に奴国があって、この奴国に金印紫綬が授けられたとする。倭国の存在は『後漢書』倭伝、「魏志」倭人伝にあって否定できないが、上述のとおり、金印紫綬は銀印青綬、銅印墨綬とは異なって一国の王に授けるものであるから、倭奴国が倭国を総称したことになる。よって金印の「倭奴国」を記紀と照合すれば、中国の古代音韻論と矛盾があろうが、「ヤマトのクニ」と読まざるを得ないのではあるまいか。『旧唐書』倭国日本伝に「倭国は古の倭奴国なり」（原漢文）とあり、『新唐書』日本伝に「日本は古の倭奴国なり」（原漢文）とある所以であると筆者は推断している。もし、

「委奴国」を倭国中の一国と解釈すれば、倭国王は南単于と同様に金璽盭綬を授けられていたことになる。しかし「魏志」倭人伝で、倭の女王が明帝景初二《(三)カ》年に金印紫綬「親魏倭王」を授けられているので、漢代の倭王の金璽盭綬説は否定されることになる。この事実は「倭奴国王」が「倭国王」ということになり、同時に、『通典』などの「倭面土王」などの史料はすべて「ヤマトの国」と読むことが妥当ということになる。かくて、私はかねて三宅説に賛成していないが、ここに至り「ヤマト国」を称えるようになった。倭(奴)国は極南界[15]の記事は「魏志」にはない。実は中国古代音韻学専門の仏教大学黄當時教授から筆者の「ヤマト」説に対して、「古代、現代にかかわらず、委（倭）奴という漢字を見せられて、ヤマトと読む中国人はいないのである」と指摘し、かつ「当然のことながら「奴」を「ナ」である可能性はほとんどない」と述べ、結論として「奴」は「ヌ」と読み、「大」の意味で、「委奴」は「大倭」に置き換えられるという(「金印漢委奴国王の読み方と意味について」『中国言語文化研究』一一巻、二〇一一年八月)。

ところが、『古事記』上巻にみえる大国主《おほくにぬし》神は別に大穴牟遅《おほなむち》《(土地)》神と謂い、「な」は「土地」を意味するというのが大方の認識であって、漢委奴国王の読み方を漢委国王に置き換えるという意見も多い。もちろん、「魏志」倭人伝にみえる倭の諸国のうちの、弥奴国・姐奴国・蘇奴国といった国名の読み方も解決する必要があろう。

なお、参考までに『日本書紀』の編纂者が『後漢書』をどの程度利用したか。河村秀根の『書紀集解《しょきしっかい》』(天明五年自序)と、小島憲之氏の『上代日本文学と中国文学』(昭和三十七年九月刊、塙書房)の『日本書紀』の出典調査の成果を掲げておく。便宜上、(A)『日本書紀』、(B)『後漢書』とする。

1(A)允恭天皇即位前紀(反正天皇五年正月)。夫帝位不レ可二以久曠一。天命不レ可二以謙拒一、今大王留レ時逆レ衆。不レ正二號位一。臣等恐二百姓望絶一也。

(B)光武帝紀建武元年（二五）夏四月。臣聞。帝王不レ可二以久曠一。天命不レ可二以謙拒一、今〔功業即定。天人亦應而〕。大王留レ時逆レ衆。不レ正二號位一。〔純恐士大夫〕望絶。

2(A)顕宗天皇即位前紀十二月（清寧天皇五年）。吾聞。天皇不レ可二以久曠一。天命不レ可二以謙拒一。大王以二社稷一為レ計。百姓為レ心。

(B)光武帝紀建武元年（二五）夏四月。臣聞。帝王不レ可二以久曠一。天命不レ可二以謙拒一。〔惟〕大王以二社稷一為レ計。萬姓為レ心。

3(A)顕宗天皇二年冬十月。是時。天下安平。民無二徭役一。歳比登稔。百姓殷富。稲斛銀銭一文。牛馬被レ野。

(B)明帝紀永平十二年（六九）是歳。天下安平。人無二徭役一。歳比登稔。百姓殷富。粟斛三十。牛羊被レ野。

4(A)天武天皇元年秋七月。旗幟敝野埃塵連レ天。鉦鼓之聲聞二数十里一。列弩乱発矢下如レ雨。

(B)光武帝紀更始元年（二三）五月。旗幟敝野埃塵連レ天。鉦鼓之聲聞二数百里一。積弩乱発矢下如レ雨。

5(A)持統天皇六年三月。毎レ所二到行一。輒会二郡県吏民一務労賜作レ楽。

(B)章帝紀建初七年（八二）十月。毎レ所二到幸一。輒会二郡県吏人一労賜作レ楽。

五ヵ所にわたって『日本書紀』が引用、しかも光武帝紀から三ヵ所も引用している。当然のことながら、書紀の編纂者は『後漢書』倭伝を熟知していたはずであるが、建武中元二年正月の封爵（冊封）、そして安帝永初元年十月の安帝に請見という熟語を嫌って、記事として採用しなかった。後の神功皇后卅九年が引く、「魏志」倭人伝の景初二年[三]六月の記事は、書紀に全文を載せているが、同年十二月の「親魏倭王卑弥呼に制詔す。……金印紫綬を仮し、装封して帯方太守に付し仮授せしむ」（原漢文）という冊封関係の記事を除いている。但し、倭王の使節に対する印綬は差し支えなく、朝献も倭国内で通用しているので抵抗がなかった（斉明天皇紀・蝦夷の朝献）。しかしながら、『宋書』倭国伝の讃・珍・済・興・武王の将軍号と、使節一行の叙爵をすべての記事から除くという、書紀の編纂方針があった。さらに『隋書』倭国伝における煬帝大業三年（推古天皇十五年〈六〇七〉）の推古天皇の国書は書紀に除かれている。書紀編纂者の創作を推古天皇十六年九月辛巳（十一日）に配して、「其の辞に曰く、東の天皇、敬みて西の皇帝に白す。……具《つぶさ》ならず」（原漢文）と、書紀に載せていることは遍く知られるところである。しかし、後の遣唐使派遣における、唐の皇帝への国書などが史料として伝承されていないが、これは如何なる理由からか。今後の研究課題の一つである。[16]

## 2　阿曇と安曇の氏《うじ》名義について

日本の姓氏と家系の大辞典を著わした太田亮《あきら》氏は、かつて『日本古代史新研究』（昭和三年刊）で、「安曇氏が奴国王だったと云って差し支えないと思ふ」と記しているが（第六編第二章）、垂仁《すいにん》紀八十六年（五七）にもその記載がないので、直ちには承服しがたい。倭伝の前掲の請見を嫌ってのことであれば賛成できるが、加えて記紀編纂時には倭奴国の伝承も失せていたのであろう。

『日本書紀』神代上によれば、底津少童命、中津少童命、表少童命の三神は、阿曇連等が祀る所の神とあり、『古事記』には底津綿津見神・中津綿津見神・上津綿津見神の三柱は、阿曇連等の祖神なり、故に阿曇連等は綿津見神の子で、宇都志日金拆命の子孫という。[17] いわゆる「ワタツミ」の三神は阿曇連等が祭る（斎く）

所の神である。「ワタツミ」の三神は、天照大御神・月読命・須佐之男命（『古事記』）の三神の直前に誕生しているので、「倭奴国」の存在を暗示しての神々であろうか。出生地が同一地域に当たる。阿曇連の本拠は記紀から推測して「筑紫の日向の小戸《おと》橘《たちばな》の檍原《あはきはら》」（『日本書紀』）の辺り、住吉神と同じく筑紫と考えられるが、記紀の編纂時には住吉神は住吉大神（『日本書紀』）、また墨江《すみのえ》の三前《みまえ》の大神（『古事記』）と記述されて摂津国に移されていたのであろう。その点、「ワタツミ」神は阿曇連によって、筑前国糟屋郡阿曇郷を本拠として、志賀郷で祭られていたと考えられて今日に至った。

　摂津国の住吉大社の司祭者は、『日本書紀』神功皇后摂政前紀に「ツツノヲ」の神は津守連の祖である田裳見宿禰《たもみのすくね》が神主となる前提が記され、天平三年（七三一）七月五日の紀年をもつ『住吉大社神代記』では津守宿禰氏人（手搓見足尼《たもみのすくね》の後）が神主となって、玉野国（住吉郷の古名か）渟名椋《ぬなくら》長岡玉出峡《たまでのさの》墨江の地で祭ったとある。『新撰姓氏録』摂津国神別天孫である津守宿禰宜の系譜を「火明命八世孫大御日足尼之後也」と記してあるが、津守連との関係は不明である。阿曇連の祖は『日本書紀』応神天皇三年十一月の条に「阿曇連祖大浜宿禰」とみえる。住吉社の方が阿曇社より一歩先んじていたようである。しかも『新撰姓氏録』をみると、津守氏は神別・天孫であるが、阿曇氏は神別・地祇であって、両者は当初から一緒に扱うことは無理であった。『先代《せんだい》旧事本紀』天孫本紀に、阿曇連等祖は天造日女《あまつくりひめ》命とあるが、これまた阿曇連との関係が不明である。

「ワタツミ」[18]の神を祭る神社は阿曇社といわれていた。さきの『住吉大社神代記』に筑紫国糟屋郡「阿曇社（三前）」（天平三年）、『新抄格勅符抄』に筑前国神寺諸家封戸「阿曇神八戸」（大同元年〈八〇六〉牒）などが指摘の好例である。また「ワタツミ」の神を祭る神社を志賀海神社とする初見は、『延喜式』神名下に載る筑前国糟屋郡「志加海神社三座並名神大」である。しかし『萬葉集』巻七に、

ちはやぶる《千磐破》金《金》の《之》岬《三崎》を《乎》過《過》ぎぬとも《鞆》
われは《吾者》忘れじ《不忘》志賀《壮鹿》の《之》皇神《須売神》

と詠める歌は「古歌中に出づ」とあって歌人の名がないが、万葉仮名で壮鹿を志賀《シカ》と読んでいることは注目に値する。なお、字本には牡鹿とするものがあり、神功摂政前紀には磯鹿とある。

阿曇氏は「アツミ」と読み、海人部を統率する豪族で、伴造の一員で連姓を賜い、漁撈の民の支配者で、大王時代から海・川の幸を奉納していた。奈良時代には内膳奉膳に任ぜられたが、歴史的に当然なことである。『日本書紀』応神天皇三年十一月の条をみると、阿曇連の祖である大浜宿禰が処々の海人の騒乱を鎮めて「海人の宰」となったとある。連姓を賜ったのは、履中天皇即位前紀（仁徳天皇八十七年正月）にみえる、淡路（国）野嶋の海人、名前は阿曇連浜子である。この浜子は（住吉《すみのへの》）仲《なかつ》皇子の謀叛に加担して処罰（阿曇目）されている。筑前国糟屋郡の阿曇郷を今日の糟屋郡の新宮町に比定する説があるが、推測の域を出ない。淡路国の野嶋は『和名類聚抄』郡郷部に載っていないが、現に津名郡北淡町野島村が存在し、『萬葉集』巻六に、山部宿禰赤人が作る歌に「淡路の野島の海人の海の底……」とある。また、阿曇連が宿禰姓に改められるのは天武十三年（六八四）十二月己卯のことである。

さて、阿曇氏は安曇とも記されているが、太田亮『姓氏家系大辞典』第一巻で前述の如く阿曇は「安曇に同じ、書物により又は地方により安曇を阿曇と載せたるもの頗る多し」と記しているが、問題がある。また厚見・渥美・安積の地名は阿曇氏と関係を有するというが、『新撰姓氏録』にその形跡はない。

さらに、阿曇氏と安曇氏の系譜を『新撰姓氏録』から抽出してみると、

（1）阿曇犬養連《あつみのいぬかひの》（摂津国神別・地祇）

海神大和多羅命《わたのかみおほわたつみの》三世孫穂己都久命《ほこつくの》(19)之後也。

（2）凡海連《おほしのあまの》（摂津国神別・地祇）

安曇宿禰同祖。綿積命六世孫小栲梨命《おたくなしの》之後也。

（3）安曇連（河内国神別・地祇）

綿積神命児、穂高見命之後也。

（4）安曇宿禰（右京神別下・地祇）

海神綿積豊玉彦神子、穂高見命之後也。

（5）海犬養（右京神別下・地祇）

海神綿積命之後也。

（6）凡海連（右京神別下・地祇）

同神男、穂高見命之後也。

（7）安曇連（未定雑姓・河内国）

于都斯奈賀命《うつしながの》之後也。

の如くである。文字の上で、阿曇氏と関係のある家系はおそらく（1）のみである。（7）の于都斯奈賀命は『古事記』の綿津見三神の誕生に際して「阿曇連等は、其の綿津見神の子、宇都志日金拆命の子孫なり」（原漢文）とある、宇都志日金拆命と同一神とみられ、かつ安曇連とあり、未定雑姓ということは、この神の設定は『日本書紀』成立以後のことといえよう。

『続日本紀』から安曇氏の初見を探ると、安曇宿禰大足で、聖武天皇天平十八年（七四六）四月癸卯の条に、阿曇宿禰大足《おほたり》（授従五位下）とある人物で、孝謙天皇天平勝宝五年（七五三）四月癸巳では「従五位下安曇宿禰大足（安芸守）とあって、天平十八年より天平勝宝五年の間に、氏名が阿曇氏から安曇氏に移ったようにみえる。詳しくは、无位《むい》安曇連広浜（天平五年、図書寮史生）、无位安曇連広麻呂（後に大初上）（天平五年、写経所）、安曇宿禰広道（天平十年、淡路国正税帳）、安曇宿禰虫麻呂（天平十年、淡路国正税帳）などの記録があり[20]、天平五年ないしは同十年には安曇氏が誕生[21]、同十八年には公認されていたことになる。

『続日本紀』所載の阿倍朝臣は安倍朝臣とも記す。しかし、阿曇氏と安曇氏とは本来、同一氏名（阿曇）であったが、阿曇氏の勢力が衰えると、根拠地が筑紫から京に上り、理由は分かりかねるが、安曇と称して阿曇と一線を画することになる。室町時代の『八幡愚童訓（上）』『宇佐宮縁記』などに、志賀島の祭神と考えられる磯良に安曇を名付けている。『太平記』の「神功皇后、新羅を攻め給ふ事」（巻第三十九、原漢文）にはさすがに安曇を採らず、「阿度部《あとべ》磯良」としている。阿度部とは海神の謂であろう。なお、幕末の安政四年（一八五七）になる宮崎大膳『筑前志賀嶋所聞録』には安曇、志賀島の阿曇家所蔵の延宝四年（一六七六）八月銘の志賀海神社の諸祭礼には『当社古道龍都阿曇社諸祭記』と、阿曇を正しく用いている。この事実は近世においても、阿曇氏の一族が志賀島と、志賀海神社を守護していた証である。

さて、阿曇氏が「ワタツミ」神を祭り、安曇氏が穂高見命を祭るのは、『新撰姓氏録』で推察できる。そして穂高見命を祭る神社を信濃国の穂高神社と断定すれば、正倉院が所蔵する調布に墨した銘文が研究の対象となる。

信濃国安曇郡前科郷戸安曇部真羊調布壱端……郡司主張従七位上安曇部百嶋
天平宝字八年（七六四）十月

### 続日本紀以後の安曇《(阿)》氏の任官日と官位・職名

| 氏名 | 任官年月日 | 官位 | 職名 | 出典 |
|---|---|---|---|---|
| 阿曇宿禰虫名 | 慶雲元年正月癸巳 | 従五位下 | | 続日本紀 |
| 阿曇宿禰坂持 | 養老七年正月丙子 | 従五位下 | | 続日本紀 |
| 阿曇宿禰刀 | 霊亀二年十二月 | 従五位下 | 奉膳 | 高橋氏文 |
| 同　刀 | 神亀四年正月庚子 | 従五位下 | | 続日本紀 |
| 阿曇宿禰大足 | 天平十八年四月癸卯 | 従五位下 | | 続日本紀 |
| 安曇宿禰大足 | 天平勝宝五年四月癸巳 | 従五位下 | （上国）安芸守 | 続日本紀 |
| 安曇宿禰石成 | 天平宝字五年正月戊子 | 従五位下 | | 続日本紀 |
| 同　石成 | 神護景雲二年六月辛丑 | 従五位下 | （中国）若狭守 | 続日本紀 |
| 同　石成 | 宝亀三年正月甲申 | 従五位下 | | 続日本紀 |
| 安曇宿禰夷女 | 天平宝字六年正月癸未 | 従五位下 | | 続日本紀 |
| 安曇宿禰三国 | 天平宝字七年二月廿日 | 正六位上 | （大国）武蔵国部領使防人使掾 | 萬葉集 |
| 同　三国 | 天平宝字八年十月庚午 | 従五位下 | | 続日本紀 |
| 安曇宿禰諸継 | 宝亀元年十一月丁丑 | 従五位下 | 奉膳 | 続日本紀 |
| 安曇宿禰広吉 | 宝亀六年六月 | | | 高橋氏文 |
| 安曇宿禰清成 | 宝亀七年正月丙申 | 従五位下 | | 続日本紀 |
| 同（清）浄成 | 宝亀七年三月癸巳 | 従五位下 | 内膳奉膳 | 続日本紀 |
| 安曇宿禰刀自 | 宝亀七年正月丙申 | 従五位下 | | 続日本紀 |
| 同　刀自 | 天応元年十一月庚午 | 従五位下 | | 続日本紀 |
| 安曇宿禰日女虫 | 天応元年二月壬辰 | 従五位下 | | 続日本紀 |
| 安曇宿禰広吉 | 延暦四年正月癸卯 | 従五位下 | | 続日本紀 |
| 同　広吉 | 延暦八年四月丙戌 | 従五位下 | （下国）和泉守 | 続日本紀 |
| 安曇宿禰継成 | 延暦十一年三月壬申 | 正六位上 | 内膳奉膳 流罪月日 佐渡国 | 類聚国史 |
| 安曇宿禰広吉 | 大同元年正月癸巳 | 従五位上 | （中国）安房守 | 日本後記 |
| 同　広吉 | 弘仁元年十月乙巳 | 従五位上 | （大国）伊予権介 | 日本後記 |

安曇郡の初見はこの調布が示す天平宝字八年であり、『延喜式』神名帳には安曇郡穂高神社が記載されており、安曇氏が京から地方に広く分布しはじめている。北安曇郡池田町にも川会神社（竹内社）が「ワタツミ」神を祭る。なお、吉田東伍氏によると、近江国伊香郡安曇郷と、伯耆国会見郡安曇郷について、前者は「阿渡知《あどち》と訓むべし。古史に海神の裔安曇と云ひ、信州にも其の地名ある者と、全く相異する[22]」と述べ、後者は「安曇は名高き旧部族の称なるが、其の此地にあること不詳[23]」とある。これらは安曇が信州に限らず、それぞれの特色をもって全国に居住地を設けていったことを示す記述であろう。信濃国安曇郡の穂高神社の分布は長野県南安曇郡・東筑摩郡、群馬県利根郡・沼田市、兵庫県城崎郡、和歌山県那賀郡に限られている。

次いで、『和名類聚抄』西海道筑前国糟屋郡志珂郷は古代阿《(珂)》曇族の根拠地で、今日の糟屋郡新宮町を挙げる研究者などが多い。綿津見神社が創建されているが、式内社ではない。奈良時代の天平年中に、前述の如く阿曇族の一部が摂津国に転居したという説がある。京に定着した安曇氏の最高の職掌は内膳奉膳である。これは職員令、宮内省内膳司に属し、「内膳司は奉膳二人」とあり、内膳司は天皇の食膳を一切担当する職で、細則はないが、『続日本紀』神護景雲二年（七六八）二月癸巳の条に（原漢文）、

是の日、勅（称徳天皇）して、令に准えて、高橋・安曇の二氏を以て内膳司に任ずる者を奉膳と為《せ》よ。其の他の氏を以て之に任ずる者は、名づけて正と為《な》せ。

とある。高橋氏と安曇氏が世襲となった。奉膳とは内膳司の長官である。『日本書紀』持統天皇元年（六八七）正月丙寅朔の条に「奉膳」に仮名をつけて「ウチノカシハテツカサノカミ」とある。官位は正六位上であった（官位令）。

阿曇氏と同じく安曇氏の職掌は『続日本紀』などに漏れているものがあるので、任官年月・職掌・出典などを参考に供すると、前頁の表のごとし。

安曇氏の衰退を早めたものは、内膳司から駆逐されたことにある。桓武天皇延暦十一年（七九二）三月壬申、内膳奉膳正六位上安曇宿禰継成《つぐなり》は罪を減じられ佐渡国に流罪となる。理由は前年十一月の新嘗祭の日に、勅を以て高橋氏を前となす儀式神事の供奉を命ぜられたことによる継成の不満が、職に背き勝手に出去するということで誅せられたのである。御膳供奉の起原を安曇氏が高橋氏より古いという個人的な名誉が傷つけられたのであろう。

時代は下がるが、平安時代の藤原実資《さねすけ》の日記『小右記』の万寿四年（一〇二七）八月廿七日の条に、

大外記頼隆（清原）云、去年（万寿三年）慮外乗㆓入唐船㆒者、志賀社司云々、乗㆓此度船㆒帰来、希有事也。

とある。史料に「志賀社司」とあるが、氏名が記されていない。果たして阿曇氏であろうか。ところが、この史料に対応する中国の史料がある。『宋史』日本伝の仁宗（北宋）天聖四年（一〇二六）十二月の条に（原漢文）、

明州言ふ。日本国大宰府、人を遣はして方物を貢す。而《しか》るに本国の表を持たずと、詔して之を却《しりぞ》く。其の後も亦、未だ朝貢を通せず。南賈、時に其の物貨を伝へて中国に至る者あり。

と記す。日本国の表（国書）を持参しなかったという。[24] おそらく志賀宮司は通商によって神社の整備を心掛けての渡航であったと考えられる。

中国・朝鮮に出航する乗船者は、古代から志賀海神社に参拝、または船中から遥拝するのが習わしで、『萬葉集』にも詠まれているし、僧侶の渡航日記にも散見する。しかし、志賀海神社の宮司が渡航船に神主として乗船していたという記録には接したことがない。

また、奈良時代の阿曇族は、地方豪族の地位を利用して、才能ある者は中央・地方の官吏、僧侶となって活躍したが、一般庶民は漁撈社会の上に、農耕を営んでいた。応永十四年（一四〇七）三月の「長講堂領目録案」にある筑前志賀嶋に対する年貢米は百石とあり（益直相伝、但不知行）、十四世紀には半漁半農の社会構造となっていた。

『延喜式』主計上にみえる諸国の平安時代の貢納物をみると、筑前国の貢納物は、海洋民族としては健全であった。中男作物（正丁の調のほぼ四分の一が課税）としては、木綿・麻・漆・油類が多い。信濃国では端物・布、中男作物では紙・紅花・麻のほか信濃川から千曲川に遡上する鮭、その加工品である。

今日、最も注目されているのは、信濃国安曇郡に鎮座する穂高神社が、何故、翡翠《ひすい》の硬玉である勾玉を筑前国の志賀海神社に奉納していないのかということであり、腑に落ちないのである。安曇氏が安曇野の地域に入植した時には、翡翠の産地がすでに不明になっていたが、江戸時代から明治にかけての発掘で、勾玉文化圏の地であることは知られていたはずである。明治八年（一九七五）の「穂高神社由来」においても志賀海神社との関係はない（安曇野市穂高、二木浩氏蔵）。左に記事の要点を掲げる。

穂高ノ神社ハ太古ヨリ御社ニテ、延喜式ニモノリタル名神ノ大、古事記・日本紀・延喜式・姓氏録……諸ノ古キ野書等迠モ悉ク漏サズ、……太古此里ノ儀ヲ深ク考ヘ見ルニ、一円ノ湖ニテ、阿豆海ト申セシ湖水ニテ、山ヨリ山ヲ岸トシテ今ノ安曇郡ヨリ筑摩郡ヘカケテ一円ノ湖ト見ヘ、今ノ梓川ハ太古ノ阿豆海川ノ訛リ、今ノ犀《さい》川ト申ハ裂《さき》川ノ訛リ、阿豆海川ハ阿豆海ヘ流レイル水上ノ沢ナリ。穂高嶽ノ麓ヨリ出ル沢ニテ明神沢トモ呼ブナリ。……今ニ当社ハ太古ヨリ海神ノ古事ヲ引、祭礼ニハ御船ヲ出シテ祭礼渡シケルモ此古事也。綿津見神ノ御子宇都志日金拆命又ノ名ハ穂高見命、……此里ヲ開キ綿津見神ノ御子、宇都志日金拆命ハ此御社ニ鎮座ナリ、……誠ニ御神心深キ御恩沢ヲ仰《とお》崇ミ奉リテ、謹テ毎日拝《まつ》ミ礼りて恩頼に酬《むく》イ奉ルベシ。

奉納　明治八年四月吉日

安曇郡東穂高村　二木　昇

昭和十三年、新潟県糸魚川《いといがわ》市に流れる姫川の支流である小滝川で、硬玉である翡翠が古代から目を醒《さ》まし、再度の発見となった。続いて、同所の青海川からも発見されたが、広く知れわたるのは戦後のことであった。

しかし、古代の安曇氏が信濃国安曇郡に定着するようになるのは、やはり翡翠の入手があったはずである。奈良時代には、すでに原産地の存在は失われていたであろうが、玉の魅力の存在が考えられる。穂高神社は海神の一分派であったにせよ、元禄十一年（一七九八）四月になる「穂高組邑々寺社御改帳」（二木氏蔵）に載る「穂高神社」の祭神をみると、

大明神（本殿）天津彦火火瓊々杵尊
左殿（小板葺）天児屋根命・天太玉命
右殿（小板葺）玉屋命・石凝姥命・天鈿女命

と、京都の吉田神道が祭神名を変更させたという。神社の祭神は、時の権力によって変えられることが多いが、同時に、穂高神社は筑前の志賀海神社との関係が薄らいでいることも事実である。志賀海神社に対して、穂高神社が勾玉を奉納していないのも斯様な関係であろうかと考えられる。

## 結　言

光武帝の建武中元二年は西暦五七年に当たる。当時の西欧世界では、南イタリアの古代文明都市ポンペイ（Pompeii）が紀元前七九年八月にヴェスヴィオ火山の大噴火によって二千人以上の人が生き埋めになったと伝える。一八六〇年以降、発掘は本格化し、今日に及んでいる。全容の解明には至っていないが、しかし、都市計画など完成の域に達しており、近代都市の祖業といえる。(25)

ところで金印「漢委奴国王」を下賜された倭奴国に対し、土豪国(26)・倭種の一酋長国(27)・熊襲国(28)・蝦夷国(29)など

未開国説が圧倒的である。蛮夷国の遠路朝貢が即、金印紫綬に値するとは考えられないのである。倭奴国は光武帝への朝貢に際して自ら大夫と称するほど、漢帝国の組織を一応知っていたのである。倭奴国ばかりでなく、三十国が漢と交流していたと伝えるので、倭奴国は他国より優れていたものがあって、金印紫綬を授かったはずである。光武帝に対する朝賀と大葬などの参列が挙げられよう。

倭奴国は建武中元二年に、光武帝の帝都洛陽に朝賀したが、漢代の朝賀は正月である。光武帝紀に、その正月辛未に「東夷倭奴国王、遣使奉献」とみえる。辛未は太初暦で八日である。范曄の『後漢書』の皇帝本紀の天文・暦の記事が正確に編纂されているのは、范曄が「衆家の後漢書を刪《けず》り、一家の作とした」（『宋書』范曄伝）からであろう。しかし、東夷列伝の倭の一部の記事は、『翰苑』が引く『後漢書』の「光武中元二（年）、倭国奉献朝賀、使人自称大夫、光武賜以印綬」が正しいと筆者は信じている。もちろん引用の倭国は百衲本『後漢書』を主とし、その他の倭人伝を用いた。

## 註

（1）佐伯有清『新撰姓氏録の研究』第四巻（第十八巻　摂津国神別）吉川弘文館、昭和五十七年十一月刊。

（2）『続日本紀』和銅二年十月庚寅、「備後国葦田《あした》郡甲努《こうの》村は、郡家を相去り」とある。なお「奴」字が上に付く地名には同じく『和名類聚抄』の「備後国奴下《ぬか》郡」があり、訓は「奴加」とある。片仮名で「ヌカ」ともある。今日は奴可の地名は消滅している。郡名の初見は『日本後紀』延暦二十四年（八〇五）十二月壬寅の条にみえる。この頃には諸国郡郷名の好字使用の通達は解消していたものと思われる。

（3）末松保和『新羅史の諸問題』第二篇第二章、二十二王の名称、第三篇第一章、楽浪・帯方との関係の条、東洋文庫（非売品）昭和二十九年十一月刊。

（4）太田亮『姓氏家系大辞典』第一巻、角川書店　昭和三十八年十一月刊。
（5）小林斗盦「漢委奴国王の読み方」謙慎書道会　平成十六年七月刊。
なお、小林氏は印紐について左のごとく記している。筆者の質問に対する返答であろう。

「紐」について
印のつまみの意として、淮南子に「亀紐之璽」（巻十七、説林訓）とあるように、古くから紐・鈕二字が混用される。

「説文」には、「紐は系也、鈕は印鼻也」とあるから本義としては金へんの字を用いるべきであろうが、古印の紐式を記す最も古い文献である、後漢の衛宏の「漢旧儀」では糸へんに従ってる。

論文など書く場合、最も古い「漢旧儀」によるべしという、羅福頤先生の教示により、筆者（小林氏）はいつも紐字を使うことにしている。

　筆者も小林氏に見習って印章の論考には紐字を用いている。小林氏とは印章を通じて長い交際があり、教訓を賜わり学恩に感謝している。
（6）栗原朋信「文献にあらわれたる秦漢璽印の研究」『秦漢史の研究』吉川弘文館　昭和三十五年五月刊。
（7）釈玄棟『続善隣国宝記』続群書類従巻八八一。
（8）『後漢書』倭伝。
（9）蒲地孝則氏所蔵。
　　申渡覚
　　　勝馬村　庄屋　武蔵
其方叓、近年病身ニ罷成、当夏ゟハ弥不㆓相勝㆒、庄屋役断之儀願出候、無㆑拠趣ニ付、則願之通役儀差免候、
三十六ヶ年之間、全相勤候、依㆑之為㆓褒美㆒青銅六百文遣㆑之候之事、

亥十月（享和三年〈一八〇三〉）

(10)『明治大学人文科学研究所紀要』第59冊所収　平成十八年三月刊。

(11)近藤源一・高橋満編、昭和五十四年十月刊。

(12)楚金は後記に「叙して曰く、余、大唐顕慶五年三月十二日癸丑（云々）」と書している。残念ながら、倭国の「中元之際、紫綬之栄」の出典はいまだに不明である。雍公叡の注は文宗太和元年（八二七）以前という。しかし、湯浅幸孫氏は『翰苑校釈』（図書刊行会刊）の前言で、「宋代に入って雍公叡なるものが補注を加えた」と述べている。

(13)中島利一郎氏より借用した。現在の所在は不明である。

(14)『南匈奴列伝』光武帝建武二十六年（五〇）条。

(15)昭和四十九年、『研究史金印』出版に際し、東京大学東京天文台講師内田正男氏によって、二千年以前の福岡（東経一三〇・二四度、北緯三三・三五度）での夏至と冬至との日出入方位を地図に画いていただいたが、今　回は省略した。はじめ極南は星座の分類と考えたが、中国星座の分類にはなく、極東と同じ表現ということが分かった。諸橋轍次著『大漢和辞典』には「極南」の出典を『五代史記』後蜀世家第四、孟昶《もうちょう》伝の明徳三年（九三六）でも指摘している。「蜀雖レ属レ秦、乃極南之表」。

(16)『隋書』倭国伝。「大業三年、……日出処天子、致二書日没所天子一、無レ恙……」。

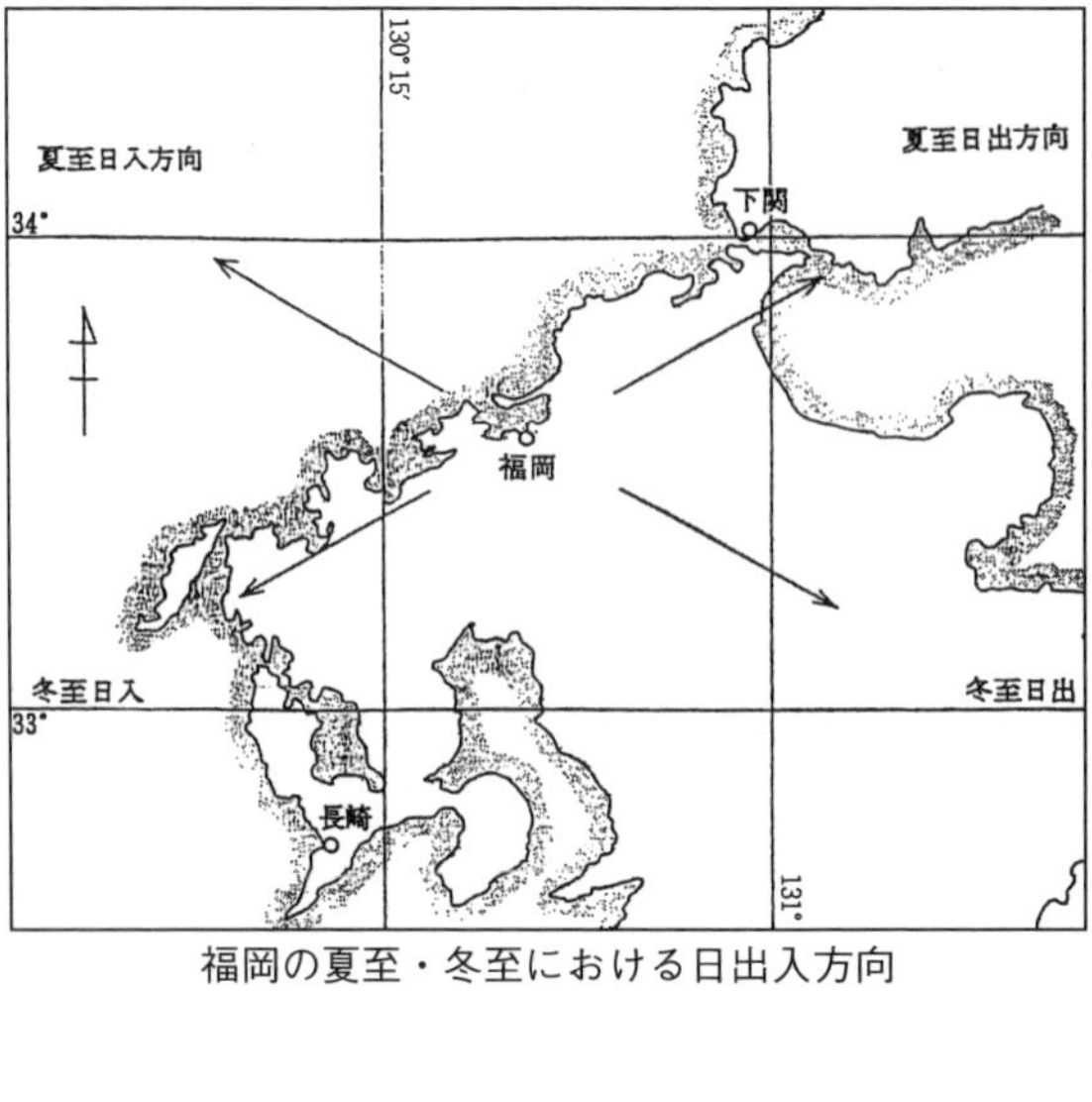


福岡の夏至・冬至における日出入方向

（17）宇都志日金拆命は後日の挿入のはず、『新撰姓氏録』未定雑姓　河内国条の「安曇連　于都斯奈賀命之後也」と同神であろう。

（18）『萬葉集』に「ワタツミ」は、渡津海（巻一）、方便海（巻七）、海神（巻七、十六、十九）、海若（巻九）などに記載されている。用法に仕分け（分類）があるのか、調査が必要である。

（19）阿曇氏と犬養氏とが合体したものでなく、両氏族は新たに氏族を設けたとみる方が正しい。理由は両氏の祖神を掲げていないことによる。

（20）『大日本古文書』一・二巻、東京大学出版会、昭和五十二年六月刊。

（21）安曇氏の誕生は写経生とはいえ、史料的には天平五年とみるべきであろう。その写経生から安曇氏を用いるようになった理由は不明。

（22）吉田東伍『増補大日本地名辞典』第二巻、昭和四十四年十二月刊、冨山房。

（23）註（22）第三巻、昭和四十五年十二月刊、冨山房。

（24）僧空海の『遍照発揮性霊集』巻第五の巻頭文に、「大使の為に福州観察使に与うる書」（原漢文）を載せている。空海は延暦二十三年（八〇四）五月、遣唐大使藤原葛野麻呂が率いる第一船に乗り、苦難の末に福建省の福州に到着、上陸を観察使に願うが、使節は皇帝に捧げる国書を持参していないので断られる。その時、空海は文面に「我が国は淳樸より已来、常に好隣を事とす。献ずる所の信物（献上品）・印書（国書）を用いず（必要としなかった）」と、長文の漢文の中で申し開きをしている。実際問題として、国書・貢物を献上しなくて、皇帝に閲することはできず、遣唐使には何かの便宜が与えられていたのであろう。日本の国だけの特権とは考えられない。

（25）筆者の体験を述べることになる。実は京都大学の林巳奈夫『中国古代の生活史』（吉川弘文館、平成四年三月刊）中に、甘粛省喜峪《かよく》関で発見された三～四世紀の墓の室内を飾る煉瓦の画像に「麦打ち」と籾殻を風で飛ばす「風選」がみごとに刻されている。その「麦打ち」の方法は、東京都内で筆者が戦中・戦後に行っていた作業と同一である。この労働からの脱皮は朝鮮戦争の後である。

(26) 岩崎小弥太「八、倭奴国」『日本の国号』吉川弘文館、昭和四十五年十月刊。

(27) 註（5）参照。

(28) 井田敬之「後漢金印論」天明四年五月刊。

(29) 亀井昭陽「題金印紙後」（『筑紫史談』4所収）。

## 補註

(1)『翰苑』倭国伝が伝える「紫綬之栄」に関連して、次の注目すべき史料がある。それは『後漢書』東夷伝第七十五、扶餘の条に「(安帝)永寧元年（一二〇）、すなわち、嗣子の尉仇台を遣わし、闕に詣り貢献す。天子は尉仇台に印綬と金綵を賜う」(原漢文)とある。吉川忠夫『後漢書訓注』(岩波書店)では、この「印綬」を「印璽」と注し、諸侯王に授ける金印とみていたのであろう。また『翰苑』扶餘伝では「印綬の栄を増す」(増二印綬之栄一)とあって、金印を指していない。さらに朝鮮王朝勅纂『増補文献備考』巻之一百七十一、交聘考(弘文館纂輯校正)では、高句麗太祖王六十八年（一二〇）「扶餘王は子の尉仇台を遣わして、漢帝に貢献す。尉仇台に紫綬と金綵を賜う」(扶餘王遣二子尉仇台一、貢献二于漢帝一、賜尉仇台紫綬金綵)と、この時に授かった印綬は金印紫綬であったとする。なお『三国志』魏書第三十、東夷伝扶餘伝には漢代の扶餘の葬儀には玉匣《ぎょくこう》を用い、また魏代の玄菟《げんと》郡の庫には、なお玉匣が一式あり、さらに、玉璧・珪瓚など数代にわたる宝物が収められている。扶餘王が漢帝から賜わったものである。印もあって「濊《わい》王之印」と刻されているという。そこで、一九五六年、雲南省晋寧県の漢墓から発見された金印蛇紐「滇王之印」が「濊王之印」の引き合いに出される。滇は漢代には西南夷に属していたが、武帝の元封二年（前一〇九）に漢に降り、滇王の王印を賜わったと伝える（『史記』『漢書』西南夷伝）。以上の如く史料を調べると、「濊王之印」は当然のこと、金印であるはずである。印紐は駝紐であろうか。

後漢の光武帝は、倭奴国に金印と金綵を下賜したであろうが、玉璧・珪瓚などまでは及ばなかったのであろうか。それは外臣間の差との相違であろうか。その成果は考古学に頼らざるを得ない。

（2）『後漢書』によると、漢室が印綬を与えた周辺諸国王・民族名・年次・理由は次のごとくである。

A　西南夷列伝　⑴夜郎王　武帝元鼎六年（前一一一）漢室に降、⑵氐人《てい》　光武帝建武始（元）（二五）漢室に降、⑶撣国王《たん》　安帝永寧二年（一二一）漢大都尉に任。

B　西羌伝　⑴造頭等《とう》　和帝永元六年（九四）内属、⑵号多等《とう》　安帝元初二年（一一五）漢室に降。

C　西域伝　車師前・後王　和帝永元元年（八九）朝貢。

D　朝鮮伝　檀石槐《だんせきかい》　桓帝延熹九年（一六六）冊封。

（大東文化大学東洋研究所『東洋研究』第一七九号　平成二十三年一月に加筆する。）

## 二　倭の狗奴国の存在について―倭奴国と邪馬台国との狭間―

「魏志」倭人伝にみえる少帝正始八年（二四七）の条に、「太守王頎《おうき》官に到る。倭の女王卑弥呼、狗奴国の男王卑弥弓呼と素より和せず[1]」（原漢文）とあるので、倭の女王と狗奴国の男王とは血縁関係があるといえよう。また後漢時代に勢力を有した倭奴国も同様に同一種族といえる。倭奴国は倭国の中の奴、狗奴国は狗国の中の奴国とする読み方もあろうが、奴国と一字による国名は、奴の音韻上からして認めがたいのではあるまいか。後漢の光武帝が中元二年（五七）に「委奴国」に授けた金印のばあいも、蛮夷にして列侯に準じた待遇によって金印が授けられたのであって、倭国の中の奴国に与えられたとする解釈は成立しえない。いわゆる「委（倭）奴国」が一民族の国名であるはずである。

『後漢書』倭伝によると、後漢末に近い桓帝・霊帝の間、倭国は後漢皇帝の勢力が衰微していることを察知して、狗奴国内の部族が結集して、倭奴国王を倒すことができた。漢が滅亡することによって倭奴国も滅亡し、外交・朝貢上の価値を失った金印「漢委奴国王」は狗奴国や女王国（邪馬台国）などに追い詰められて、金印のみが自国の倭奴国によって棄てられ、それが今から二百年前余に筑前国（福岡県）の志賀島から発見されたという構図ができる。若し、この金印が墳墓から出土したものであれば、漢帝から賞賜の宝物と金印とが発見されたはずであると考えられる。

三国鼎立時代の倭奴国が滅ぼされても、建国された倭奴国（ヤマトの国）の国名は、その後も引き継がれたとみられる。倭国といい、倭奴国といい、漢字の国名は、朝鮮の楽浪郡の太守によって命名され（官印は楽浪太守章）、倭国の使節の皇帝への奉貢朝賀という謁見によって、正式な国名となったはずである。今日の日本を正式に命名した国は後漢で、皇帝は光武帝、その国名は「倭奴国」である。倭奴国が後漢末に滅亡すると、狗奴国と邪馬台国との争いの結果、邪馬台国が成立したとみられる。邪馬台国の表現は倭奴国の音韻と考えられる。やがて「倭（ヤマト）」の一文字となる。漢帝国では倭国は「ワ」の音であるが、わが国では「ワ」と「ヤマト」の読みがあったはずである。さらに本稿の註（10）を参考にされたい。

なお、日本の国名は推古天皇時代、隋の煬帝に献上した国書には、『隋書』倭国伝によれば、「（大業三年〈六〇七〉）日出ずる処の天子、書を日没する処の天子に致す、恙無きや、云々[2]」（原漢文）とある。この国書を覧《み》た皇帝は「蛮夷の書、無礼なる者あり、復た以て聞することなかれ[3]」と。いうまでもなく、『後漢書』西南夷の筰都《さくと》（国）は漢の化を慕い、詩三章を作る。その二に「蛮夷の処る所は、日入るの部なり。義を慕い化に向かって、日出ずる主に帰す[4]」（原漢文）とある。この詩は夷人の言葉で書かれていたものを重訳して、華語にしたものであるという（『東観記』）。

また『北史』西域伝波斯国に、「（明帝）神亀中（五一八～五一九）、其の国、使を遣わして書を上る。物を貢ぐ。大国天子、天の生む所にして、願くは日出ずる処は常に漢中に為《し》て[5]」（原漢文）とあるように、「中国は日が出ずるところ」という思想は、上古まで遡る。

しかるに、平安時代の『日本紀私記』が引用する唐の柳芳撰『唐暦』には、

日本者倭国之別名者、然則唐朝以レ在二日出之方一、号云二日本国一、東夷之極、因得二此号一歟、

とあれば、日本国の名付親は唐朝であると解釈することができるが、右の『隋書』倭国伝によって、唐朝が

日本の国名を付けたとは考えられないことであって、史料に脱字があるとみられる。また煬帝に献上した国書の文面には、隋皇帝に対し「日没する処の天子」と書いているところをみると、国書の筆者は中国からの帰化人で、隋の皇帝に恨みを抱くものであろう。日（太陽）は出、入るのところ、「没」とは正常な心境の状態とはいえまい。『萬葉集』巻第十九、四二四五「天平五年（七三三）に、入唐使（大使は多治比真人）に贈る歌一首、作主未詳」の長歌の中に「日の入る国に遣はさる」[6]（原和漢文）とある。作者未詳の長歌を贈った人物は、「日の入る国」の本来の意味を承知しての表現（歌詩）であろうと筆者は視ている。

さて、倭奴国については、鎌倉時代の卜部兼方が『釈日本紀』の解題で、この国の号を大倭、倭奴、日本の三つを挙げているが、狗奴国についての研究は、山田孝雄博士の「狗奴国考」が初見であろう。

筆者は狗奴国を記紀と照合して、語呂合わせと一笑に付されようが隼人と考えている。狗奴国の地理的位置を具体的に指摘していないが、九州南部が圧倒的に多いと見受けられる。歴史的な叙述にしても同様である。隼人説については後述する。

まず江戸幕府撰『本朝通鑑提要』巻一には、

> 神功皇后庚戌三十年（二三〇）、呉主孫権が将軍衛温《えいおん》と諸葛直《しょかつちょく》とを使して、海を浮《わた》り、我が西鄙を侵しめたが、克《か》たず、温は引き還《かえ》す。

とあるが、内容は呉が九州南部を侵したという。「呉志」孫権伝によると、この時に将甲兵（武装兵）一万人が海を渡り、夷洲《いしゅう》と亶州《たんしゅう》の二州を攻撃させたが、亶州は絶遠の地のために目的を達せず、夷洲から数千人の住民を連れ還ったという。かってこの両地は仙薬を求める目的地であったと伝えるが、『後漢書』倭伝を引用した日本の著作文にもみえる。

倭と呉との関係を説く文献としては、北畠親房の『神皇正統記』神功皇后記の条に、

> (後漢)献帝位ヲサリテ、魏ノ文帝ニユヅル。是ヨリ天下三ニワカレテ、魏・蜀・呉トナル。呉ハ東ニヨレル国ナレバ、日本ノ使モマヅ通ジケルニヤ。

と、後醍醐天皇に仕えた親房は、日本と呉との関係交渉ありと考えていた。

一九八九年『考古』で、王仲殊氏は、金印「漢委奴国王」を倭の奴国と解し、『後漢書』倭伝の安帝永初元年(一〇七)にみえる倭国王帥升を邪馬台国の男王という。(7) さらに「呉志」嘉禾元年(二三二)九月に、孫権は遼東太守の公孫渕に応えて、同年三月に将軍と校尉の二人を派遣したところ、魏に迎え撃たれ、この現状をみた公孫渕は同年十月、使者を呉に派遣、事情を説明することによって、孫権は公孫渕に爵位を授けた。しかし公孫渕は魏を畏れ、孫権との協定を破棄した。元来、呉の遼東への道は海路であったので、愚管であるが、倭国の国情を知り、呉は倭国の狗奴国との同盟を結んで、魏に対抗する姿勢をとったという推測も可能な判断といえよう。

「魏志」倭人伝が記す正始八年(二四七)の左の記事は右の推測を彷彿とさせる。

> 太守王頎《おうき》(帯方郡)が女王国に到る。倭女王卑弥呼、狗奴国の男王卑弥弓呼と素より和せず。倭の載斯烏越等を遣わして郡(帯方郡)に詣り、相い攻撃する状《さま》を説く。(帯方郡から)塞曹掾史《さいそうえんし》張政等を遣わし、因って詔書・黄幢を齎《もたら》し、難升米に拝仮せしめ、檄《げき》を為《つく》り、これを告喩《こくゆ》す。(8)

詔書の威光はともかくとして、魏の軍旗を女王国の卑弥呼に仮授(内臣でないので)させるということは、両国は激戦で、狗奴国の背後に呉の軍事力が窺われまいか。しかし結局、狗奴国は魏の末年には滅亡か、衰退したと思われる。

『日本書紀』神功皇后六十六年（二六六）の条に、「是年、晋武帝の泰始二年、晋の起居注に云う。武帝泰始二年、十月《(十一月)カ》、倭女王（使を）遣わし、訳を重ねて貢献す[9]」（原漢文）とある。すでに『晋書』倭人伝には狗奴国の国名がみえない。両者の戦闘の結果は、記録がないので不明であるが、女王国は大きく展開して、邪馬台国の盟主となり、「魏志」倭人伝に「邪馬壱国[10]に至る。女王の都する所」の卑弥呼は名実ともに「ヤマト」の国王となり、魏の衰退後には晋に朝貢することになる。すでに邪馬台国は近畿大和の地に居を定めたと考えられる。

『日本書紀』の編纂者は、小島憲之氏が『上代日本文学と中国文学（上）』で詳細に指摘しているように、『後漢書』『三国志』を精査し、利用できるものは『日本書紀』に原文を引用している。『後漢書』倭伝の「建武中元二年（五七）、倭奴国奉献朝賀」の一文を『日本書紀』が採用しなかったことは、「倭奴国」を後の日本に比した上で、「奉貢朝賀」の記載を嫌ったわけであろう。また中国は先進国として、文字に好字・卑字の別を弁えて文章を整えていたように見受けられる。今日、その好卑文字の字典がないので、理解に苦しむ。「倭奴国」「狗奴国」などにしても、「倭」にも「みにくい」の意味があり、「倭傀」の熟語があって、卑字の一面があるのかと考えさせられる。況や「奴」においてをや。しかし、仏教大学文学部中国学科の黄當時教授によると、倭奴について、[11]

> 「倭奴」は、「ワ／わ - nui」を書き記したもので、「ワヌ／わぬ」と読み、「倭・大きい」（大きな倭、偉大な倭）を意味する。と解釈するのが正しい。（中略）「奴」はnuiという音声情報を正確に反映する文字として、当時の中国側（そして後の日本側）の聴取・記録担当者には最好《ママ》の選択肢だった、と考えてよい。しかしながら、後置修飾語が用いられなくなると、人々は奴（nui）の意味（大きい）・用法（後置修

飾語）が理解できず、奴を字面のみで判断し、（漢字の表意機能のみに着目し）、卑字ではないか、卑しめの意味があるのではないか、と誤解してしまった。もうおわかりであろうが、奴《ヌ》は、卑字などでは決してなく、あらぬ濡れ衣を着せられた悲劇の好字であった。……倭奴という言い方も大倭（後に大和）へと変わったのである。

と、「奴」は大の意味で、倭奴についても大倭、後に大和へと変わったという。黄教授は音韻による文字学者で、大いに傾聴すべきである。筆者は黄氏の研究とは別に、漢代の皇帝が蛮夷諸国王に対して列侯に準ずると判断したばあいに、金印紫綬を仮授したという事実に拠って、金印「漢委奴国王」の委奴国は「ワのナこく」と訓むのは誤りで、日本側では「ヤマト」と訓むべきと提唱しているのである。

黄當時教授の論考の半年後に、京都大学の冨谷至教授（人文科学研究所）が『四字熟語の中国史』に「漢委奴国王」の項目を設けて、印文の読み方について、

私は、光武帝の金印の印文を「漢の倭奴国の王」と読みたい。「倭奴国」それは「倭国」のことで、「奴」は、異民族の国名につけられる卑辞と考える。右に列挙した倭人伝の中に「○奴国」という名称の国が多いことは、この「奴」が蔑みの接尾語であることを語り、また我々は漢代の異民族「匈奴」を知っている。匈奴の「匈」は民族の領域にあった匈河水という河川に由来し、匈河一帯の異民族を匈奴と呼んだのであろう。

と述べ、印文「倭」は「ワ」と読み、「奴」は接尾語であるという。さきの黄教授は「委奴国」を「大倭国」と読んでおり、「漢・委・奴国王」説を否定している。また冨谷教授は『旧唐書』倭国日本伝を引いて「倭国者、古倭奴国也」、『新唐書』日本伝には「日本、古倭奴国也」と記されていることは、中国では倭と倭奴

が同義とみた感覚の延長に他ならない、と述べており、[12]「委奴国」は「倭国」であると提唱している。近年は「委奴国」の読み方について、「倭」と「奴」を分離して読むという提案に、反論する論者が多い。その解決には、文字の上の新史料が望まれる。

狗奴国も女王国と比較されるほどの強大な勢力を有したが、呉の援助が手薄なために、最後は降服に至ったと推定される。

筆者は狗奴国は敗退の結果、勝者の女王国から邪馬台国そして大和朝廷に仕えた隼人が、平安時代の『延喜式』には、兵部省のうちの隼人司所轄の中心と考えている。しかし現在のところ、隼人の研究は多いが、狗奴国との関係を文献史料をもって具体的に調査している研究者には接しない。

なお、国語学の上で、「奴」（ド）を「ト」と訓む例は、「万葉仮名」にはなく、末松保和『新羅史の諸問題』（東洋文庫、昭和二十九年十一月刊）の索引の「ぬ」の項目に「奴（トをみよ）」とあって、「奴同覔・奴禮王」を挙げている。はたして「ト」であろうか。

なお一言。狗奴国の勢力範囲については、中野幡能氏が隼人の地を包括《ほうかつ》して肥後《ひご》の球磨《くま》郡（熊本県）・大隅の囎於《そお》郡（鹿児島県）の両県に賛意《さんい》を表しているが、[13]筆者も同様に考えている。ところが、狗奴国を隼人とする説の欠点は、「魏志」倭人伝に熊本・大分・宮崎の三県にわたる活火山の阿蘇山が記載されていないことである。

一方、考古学による狗奴国の研究には、九州説と畿内説の二説が存在することは邪馬台国と同様である。文献史学と違って、考古学は狗奴国時代の遺品が取り除かれていない限り、埋蔵されている可能性がある地域を発掘し、成果を挙げることができよう。別に狗奴国の発見ばかりでなく、史料不足の文献史学のばあい、考古学に一歩譲らざるを得ないのが現状である。

## 註

（1）石原通博編訳『魏志倭人伝・後漢書倭伝・宋書倭国伝・隋書倭国伝』岩波書店、平成十二年二月刊（第七〇刷）。

（2）前掲註（1）に同じ。

（3）前掲註（1）に同じ。

（4）范曄『後漢書』西南夷伝莋都夷「詩曰、蛮夷所レ処、日入之部、慕レ義向レ化、帰二日出主一。」

（5）李延寿『北史』「波斯国は六月を歳首とする国である。「神亀中、其国遣レ使上書、貢レ物、大国天子、天之所レ生、願日出処常為二漢中一……。」

（6）『萬葉集』「日入国尓所レ遣。」

（7）王仲殊「古代日中関係―従志賀島金印、到高松塚的海獣葡萄鏡―」『考古』一九八九年第五期。

（8）前掲註（1）に同じ。

（9）「是年、晋武帝泰初（始）二年、晋起居注云、帝泰初（始）二年十月、倭女王遣二重レ訳貢献一。」

（10）邪馬壱国説について、橋川時雄氏の邪馬壱＝島夷説は、島国であり、しかも四夷をあてたとみる説である。「邪馬壱・台のみかた―い～やま・との転訛―」『福井博士頌寿記念東洋思想論集』昭和三十五年一月刊。邪馬壱国か、邪馬台国かの問題は現在もなお解明できないが、邪馬＝日本語の山―台＝岡・丘と解釈することができようが、斯様な例はなく、「こじつけ」と云われるならば、引き下がるしかない。筆者は時折、台は佁（儓）、『方言』の「農夫之醜称」であるまいかと思案することがある。『正字通』によれば、「儓、本作レ臺」とある。橋川氏は邪馬壱《やまい》国から邪馬台《やま》国に転訛したとみる。

（11）黄當時「金印「漢委奴国王」の読みと意味について」『中国言語文化研究』第一一号、平成二十三年八月。

なお、大野透氏によれば、「続日本紀と『大日本古文書』とによれば、国名表記大倭から大和に改められたのは天平宝字二年（七五八）のことになる」とのことである。

(12) 冨谷至『四字熟語の中国史』岩波新書、平成二十四年二月。

(13) 中野幡能『八幡信仰史の研究』上巻、吉川弘文館、昭和五十年五月刊。

# 三　「漢委奴国王」印研究の紹介―華亭釈澂・細井金吾・本居宣長―

## 序　言

昭和四十二年に、東京大学史料編纂所の桃裕行教授から、金印発見直後の金印研究に関わる三名の存在を教示して下され、早速研究に従事することになった。

本書で紹介する華亭釈澂・細井金吾・本居宣長の「漢委奴国王」印研究は何れも写本によるものである。その自筆本の所在は今日何れも明らかでないが、写本としては神宮文庫と無窮会図書館とに、また個人としては知己の科学史家である井本進氏（兵庫県西宮市在住）の所蔵本を知ることができ、[1]ともに釈澂・金吾・宣長の順で合本にされている。無窮会図書館本は井上頼圀《よりくに》氏の依頼により神宮文庫本を書写したものである。神宮文庫本の表題は、

福岡侯儒細井金吾

漢委奴国王金印考

松坂

本居氏考

とみえるが、井本本には「金印之図」とみえるのみで奥書はない。神宮文庫本の奥書は、

右使向井末輝令書写之以為家蔵　荒木田経雅[印]

于時寛政四年三月

とある。無窮会図書館本はこの奥書の後に、

右金印考東洞文集以経雅蔵本今神宮教院所蔵令写之一校了明治十六年十月廿七日　井上鉄次郎

とある。神宮文庫本の奥書には内宮禰宜荒木田経雅[2]が向井末輝を何処に使わして以上の金印考を書写せしめたか記載していない。経雅には十七冊の日記があるが、寛政四年三月の条にも関係の記事がないので[3]、今直ちにその書写の場所を決定しえない。しかし、寛政四年は経雅五十一歳、彼が五十歳の賀を迎えて宣長に「松の名の百枝の繁き下蔭にかくろひてしも千代を契らむ」と詠み、宣長これに応えて「仕へ来てとしも五十鈴のかはるなよ千代とも君を神もねくらむ」と賀している事実[4]から推察して、この頃から更に宣長との交際が深まって金印考の話題がでるようになったのではあるまいかと思う。斯様なことで、恐らく宣長のもとで向井が書写したものと考えられる。

井本本は如何なる経路で書写されたものか全く不明であるが、本文校訂には欠くべからざるもので、神宮文庫本との比較においてその軽重を問うことはできない。

さて、釈澂・金吾・宣長の各金印考には何れも題名はなく、また脱稿の年月日すら明記されていない。釈澂の金印考は細井金吾の文面から解釈して天明五、六年頃には既に簡単な摺物になっていて、或は福岡周辺に流布していたものと思われる。金吾の金印考は天明六年のものと思われる。それも釈澂の金印考を添えて、金吾の知友でありかつ宣長門下の逸材である石州浜田の藩主松平周防守の儒臣小篠敏を介して宣長に手渡されたものである。宣長の金印考もまた金吾の何者なるかを知らず、小篠敏を介して折り返し細井に届け

られたもので、所謂、小篠敏を媒介とした往復書簡とも云うべきものである。従って、神宮文庫の図書目録に、

漢委奴国王金印考（合本）細井金吾・本居宣長　写

とある所以であろう。本書では神宮文庫本には解読困難な文字があり、無窮会図書館本に井本本を勘校して本文とし、仮名は全て平仮名とし、明らかに原文の誤と思われるものはこれを正した。脱稿には再び桃教授の指導を受けた。

## 1　華亭釈澂の金印考

「漢委奴国王」印研究者としての釈澂の存在は、細井金吾が小篠敏に宛てた書状（金印考）でうかがうと、金印発見により黒田藩では「夫より儒者其外博識と称する者に考可レ被二申付一候、隣国三都よりも追々考来る、小生見及候も十本に余り候」とある招聘者の一員であったとも推察される。しかし、彼の文中に「蛮夷印多駝鈕矣、此印或為二鈕形一不レ可レ弁、又謂レ似レ蛇、此本直注為二駝鈕一、宜レ従焉」とあれば、金印を実際に手にとって調べてみたとは一概に云えない面がある。事実、黒田藩では金印を発見直後に公開した記録はない。

釈澂のこの金印考は細井金吾・本居宣長の金印考とともに、公に紹介されていないが、中島利一郎氏が金印研究者を調査したものに、「漢光武帝賜黄金印真本考　華亭釈澂」という一条がある。[5] これが釈澂の金印考の題名かと思われる。

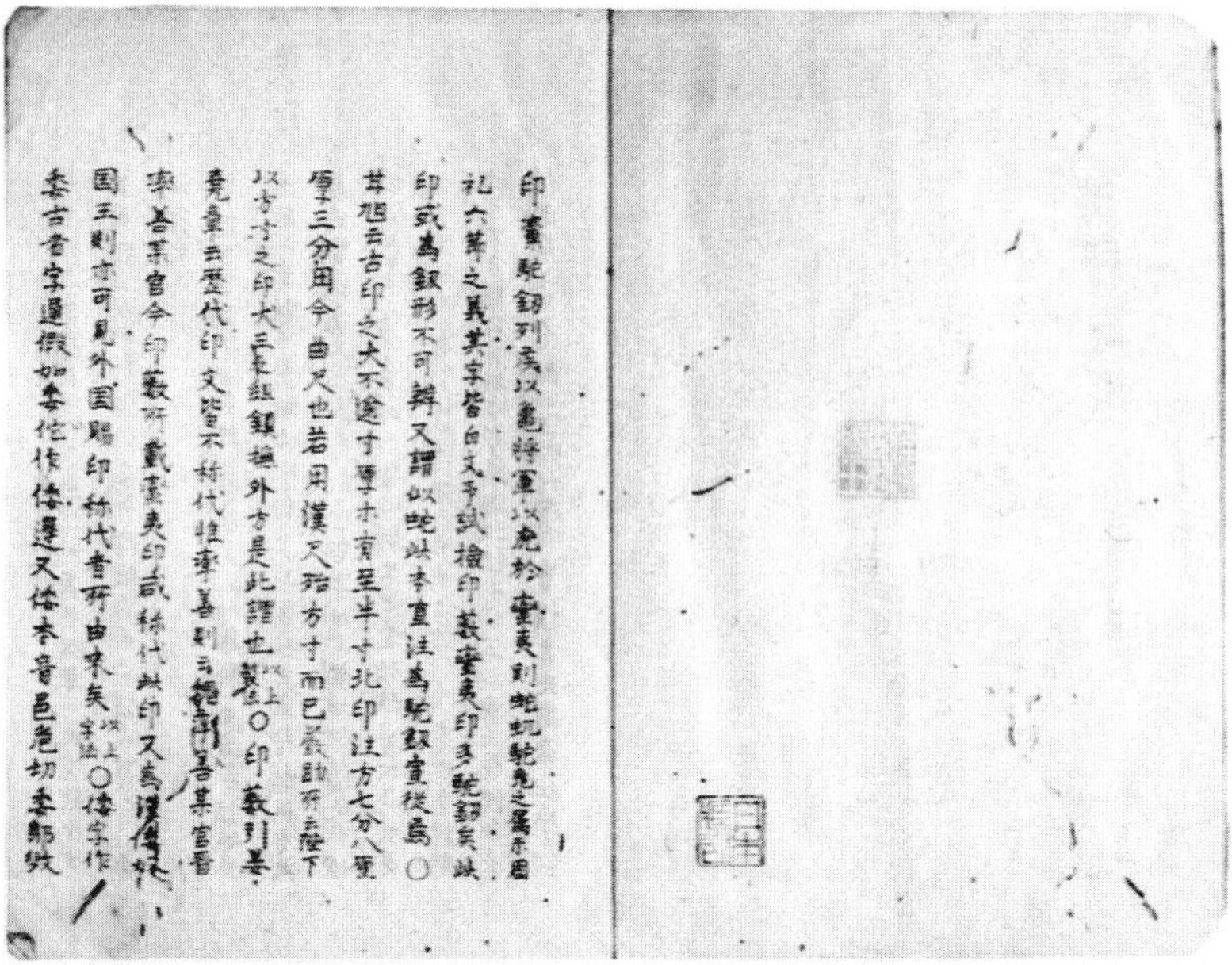

**華亭釈澂「金印考」**（写本。神宮文庫所蔵）

釈澂の伝記については、三田村鳶魚氏の「徴古印要」（天明二年）の解説に、

> 一に杜澂と云ふ、其の釈氏なるか否か、杜は杜多を約せしものか、モリと云ふを換字せしか、未だ考へ得ず、徴古画伝に入江松窠道人著とあれば、俗姓入江なるべし、（中略）画家人名辞書には杜澂、華亭、松窠、近江人とあり、本書巻一増減法の項に、雪菴師に従って始めて漢隷に就いて法を取ることを受けたりの語あるに徴して、江戸大久保永福寺曇華（号雪菴）とて広沢の書学を伝へし人に師事せしは明なり、釈澂の著書は流布甚だ鮮けれども松窠先生著述総目に拠れば（中略）十七部ありて、著者の名技多能を証するに余あり、されどその伝記は一併に知ること能はず、松雲堂発行の書画番付に、釈澂、天保十三年五月四日歿、京都高台寺畔に葬るといふも、何の拠ありての事か、（中略）本書の成りし天明二年は卅五

歳（中略）天保十三年は実に九十五歳也。(6)

とある。

釈澂の伝記に関する限り、三田村氏以上の研究を私は知らない。私はこの三田村氏に啓発されて、昭和四十二年八月、小篠敏の研究で浜田市に赴いた帰途、京都の高台寺（東山区下河原町）に立ち寄ったが、残念ながら何等の知識をも得なかった。

ところで印学からみた釈澂の評価は如何であろう。西川寧氏は「天明期の印学」と題して、この頃別に伊勢に韓天寿、堺に趙陶斎、京都に杜澂があって、夫々近代の印学書学の上で記憶せらるべき仕事をしたが印学の知識は特に変った所もなかった。(7)

と述べられているが、斯様なために曾谷学川の「印籍考」(8)（享和二年刊）に左の三名の研究、すなわち、

後漢金印論　南紀　田敬之仲嘉

漢委奴国王金印考　摂津　上田秋成東作誌

漢委奴国王金印考　山城　皆川愿伯恭誌

が載っているにもかかわらず、中島氏がいう釈澂の「漢光武帝賜黄金印真本考」が載っていないのであろうか。しかして、天明二年に著した「徴古印要」七巻をみると、釈澂は金印考を極めて短期間で書き上げる能力があったと思われる。それがためにかえって引用史料に誤脱が目立つ。また、彼の金印考の文末に、金印が発見された年月日を、天明四年歳次甲辰春二月二十三日戊申と、日の干支を記載している事実から推考して、金印考は金印発見からほど遠くない、遅くとも天明五年には脱稿していたものと考えられる。細井金吾の書状（金印考）に「農夫甚兵衛と申者去々年辰の二月廿三日」とあり、かつ摺物になっている釈澂の金印

考を指す「東都の僧の考摺物にいたしたるを写し指上候」とあれば、益々その感を深める。天明五年、時に彼は三十八歳である。

さて、彼の金印考の特徴を眺めてみると、

(1) 漢印研究（出典）。
(2) 委奴国を熊襲とする説。
(3)「漢委奴国王」印の鈕形。

の三項目に分けることができる。以下、順を追って彼の論旨をみてみよう。

## (1) 漢印研究（出典）

釈澂の金印考から古印に関する出典を調査してみると、吾丘衍の「学古編」、甘旭の「印正附説」、朱象賢の「印典」、それに古印譜集成として有名な顧従徳の「顧氏集古印譜」、それに彼の「徴古印要」等に拠っていることがわかる。しかも「印典」(9) からの引用が次のように最も多い。

又漢晋諸印皆大不レ踰レ寸、惟異二其鈕一以別二主守之上下一、諸侯王印槖駝鈕、列侯以レ亀、将軍以レ虎、於二蛮夷一則蛇虺駝兎之属、示二周礼六節之義一也、其字皆白文。（巻第五、集説）

漢書厳助云、陛下以二方寸之印丈二之組一鎮二撫外方一。（巻第七、器用）

楊廉夫云、凡字無レ害二於義一者、従レ衆可也、若有レ関二於大義一者、当レ従レ古。（巻第五、集説）

恰軒先生云、金銀印文光弱無レ鋒、少意趣遠遜二於銅一。（巻第七、器用）

金印漢王侯用レ之、私印亦有二用者一、其文和而光雖二貴重一難レ入二賞鑑一。（巻第六、評論）

王兆雲云、秦漢印章伝至二於今一、不二啻鐘王法帖一、何者、法帖猶藉二工人臨石一、非二真手蹟一、至レ若二印章一、悉従二古人手一出、刀法章法字法燦然倶在、真足二襲蔵一者也、毎二一把玩一恍然令三人有二千古意一。
（巻第五、集説）

王兆雲云、今坊中所レ売印藪皆出二木版一者、章法字法雖レ在而刀法杳然矣、必得二真古印一玩閲、方知二古人之妙一。（巻第六、評論）

従って、古印に関する出典調査からみると、釈潄の金印考には、少なくとも前文に「諸侯王」の三字の脱落が認められるわけである。

### (2) 委奴国を熊襲とする説

釈潄の金印考の論旨の特徴は、倭奴国を熊襲としていることである。しかし、彼の熊襲説は音韻に立脚したものではなかった。すなわち、彼の「倭」「委」の音韻観は「倭本音邕危切、委鄔毀切音相近」とあり、「倭」「委」の音はともに「卄」に当てたものといえる。しかし、「奴」音については彼は全く何ら触れていないところをみると、これは単に「倭字作レ委、古者字通」ということを指摘するための手段であったといえる。従って、彼の熊襲説は音韻とは全く関係がなく、『後漢書』の中元二年を『日本書紀』の垂仁天皇八十六年に当て嵌めて解釈した、彼の歴史観であったことが左によってわかる。

筑紫即今前後筑、吾西南界也、拠下東夷伝称二倭国之極南界也一者上、似レ有レ合焉、熊襲之叛去二垂仁末年一、亦未二甚遠一矣、

### (3)「漢委奴国王」印の鈕形

釈澂の金印考で最も不可解なことは、金印の鈕形の解釈である。すなわち、金印の鈕形は発見当初から亀井南冥の鑑定書（方七歩八厘、高三歩、鈕蛇高四歩、重二十九匁）[10]で明らかなように、蛇鈕として紹介されていたと思われるのであるが、彼はこれを「漢委奴国王金印駝鈕」と解していることである。

しかし、斯様な誤は彼ばかりではなかった。上田秋成も「漢委奴国王金印考」と「漢委奴国王佩印之考」には螭鈕となし、「漢委奴国王金印之考」[11]では獅紐と解していることによってもわかる。ただ秋成の場合は、福岡に下らず印譜をもって著述したことは「漢委奴国王金印之考」に、

志加ト云里ハ仲哀紀礎鹿《シカ》ノ海人ヲ召テ命セラルルコトアリ、万葉ニモ志加ノ蜑トヨミ和名抄ニ糟屋郡ニ志加ト云里名アリ、或人阿ハ珂ノ訛字ニヤト云ヘリ、然トモ是ラノコトハ其国人ニ問アキラムベキ事也。

とあることによっても明らかである。

しかしながら、釈澂の場合は、南冥の金印鑑定の方量を承知の上、これを「漢委奴国王金印駝鈕」としていることは、全く理解に苦しむのである。[12]しかも、釈澂は南冥のいう古印譜[13]、すなわち、『顧氏集古印譜』に詳しく、釈澂の金印考に、

印藪引姜堯章云、歴代印文皆不レ称レ代、惟率善則云、魏率善某官、晋率善某官、

とあるのは、「蛮夷長印」条の引用であり、この事実からしても彼は「蛮夷阡長印」の条、

晋蛮夷善仟長銅印虺鈕、漢書槃弧之後、号二蛮夷一、今云蛮夷者南蛮之通称也、其地多二蛇虺一故為二虺鈕[14]一、

を見落とすとは考えられないのである。従って、彼は京都から金印研究のために福岡に下ったとしても、金

印を直接みず、金印考を著したことになろう。

以上のごとく、釈澂の金印考には、鈕形を巡って不可解な点があるが、しかし、彼を賞賛しなければならぬところもある。すなわち、釈澂は「方七分八厘、厚三分」をもって、「用二今曲尺一也、若用二漢尺一殆方寸」と述べていることである。(15) これは今日においても正しい解釈であって、この一事によって、彼が如何に漢印を詳しく研究していたかがうかがえるのである。

**【華亭釈澂の金印考】**

印橐駝鈕、列侯以レ亀、将軍以レ虎、於二蛮夷一則蛇虺駝兎之属、示二周礼六節之義一、其字皆白文、予試検二印藪一、蛮夷印多駝鈕矣、此印或為二鈕形一不レ可レ弁、又謂レ似レ蛇此本直注為二駝鈕一、宜レ従焉、○甘旭云、古印之大不レ逾レ寸、厚未レ有レ至二半寸一、此印注二方七分八厘、厚三分一、用二今曲尺一也、若用二漢尺一殆方寸而已、厳助所レ云、陛下以二方寸之印丈二之組一鎮二撫外夷一、是此謂也、以上製法 ○印藪引姜堯章云、歴代印文皆不レ称レ代、惟率善則云、魏率善某官、晋率善某官、今印藪所レ載蛮夷印咸称レ代、此印又為二漢委奴国王一、則亦可レ見三外国賜印称レ代者所二由来一矣、以上字法 ○倭字作レ委、古者字通、仮如三委佗作二倭遅一、又倭本音邕危切、委鄔毀切音相近、楊廉夫云、凡字無レ害二於義一者、従レ衆可也、有レ関二于大義一当レ従レ古矣、此印倭作レ委、可レ謂レ従レ古、是即漢人摹《ぼ》印《いん》篆減法、以上文法 賞鑑甘旭朱世臣或謂、金銀印文和弱無レ鋒遠遜二于銅一、雖二貴重一難レ入二賞鑑一、予嘗検二古印譜一、其材多二銅玉一、金印絶無レ有レ之、是為レ貨被レ害耳、今此印数千百年物、而異域波濤之外湮二埋土石一以免レ害、今見二此本一、猶如二新出一、無二毫損壊一、豈不レ奇哉、是古金異二乎常貨一可レ知也、惜諸公未レ見二古金印一、如レ是者有レ謂二新出一耳、若令三諸公見二此本一、亦応二急改一レ稿也、

○王兆雲云、秦漢印章伝至二于今一、不二啻鍾王法帖一、何者、事実漢書光武紀、中元二年春正月初立二北郊一祀二后土一、東夷倭奴国王遣レ使奉献、又東夷伝、建武中元二年倭奴国奉貢朝賀、使人自称二大夫一、倭国之極南界也、光武賜以二印綬一、按中元二年、当二垂仁天皇八十六年一而国史或不レ載、以二中国禅位替レ代故有二一代一、即有二一代之史一、独吾神邦天統万世無レ有レ替レ代、故不レ有三先史之広二布于世一也、若三其本二旧紀書紀等一、其出雖レ旧去二垂仁之世一殆数百年而出、而伝世之本真偽叵レ弁、難二以取一レ証矣、正今去二垂仁一一百有九世、従二八十六年丁巳一至二天明四年甲辰一凡一千七百三十有八年、実不レ易レ識二其詳一也、独本朝通鑑載下遣二大夫某一聘二于漢一漢帝賜中印綬上、而是係二近世之撰一、以二漢書一為レ拠未レ可レ知也、或云、熊襲拠二筑紫一当時貢献者豈熊襲耶、筑紫即今前後筑、吾西南界也、拠下東夷伝称二倭国之極南界也一者上、似レ有レ合焉、熊襲之叛去二垂仁末年一亦未二甚遠一矣、惟此印製作皆合二漢制一、而漢書有レ拠、則為二光武之賜一無二可レ疑者一、勝下乎彼寿亭侯印有二四雲長一者上遠矣、証制顧氏印譜序引二漢旧儀一云、諸侯王印黄金璽橐駝鈕列侯丞相皆用二黄金一、鈕皆亀、吾子行学古編云、漢晋諸印大不レ踰レ寸、惟異二其鈕一以別二主守之上下一、諸侯王法帖猶籍二工人臨石一、非二真手蹟一、至レ若二印章一、悉従二古人手一出、刀法章法字法燦然俱在、真足二収蔵一者也、毎二一把玩一令三人有二千古之意一、又云、今坊中所レ売印藪出二木版一者、章法字法雖レ在而刀法杳然、必得二真古印一玩閲、方知二古人之妙一、予喜二古印一有レ年二于茲一、捜二訪諸方所蔵古今印譜一、殆数十家遂以復二古名家一、然古印太宰寄二梨棗一、間有二石摹一耳、未三克見二一古印真本一、不レ為レ無レ憾矣、正今此印実漢廷之賜而出二于皇朝文明一、海内好古之時其蟄二土石一者非二不幸一也、抑又芸林之幸大也、華亭釈澂識、漢委奴国王金印駝鈕方七分八厘厚三分鈕高四分重二十九銭　天明四年歳次甲辰二月二十三日戊申、筑前州那珂県志賀島民夫叶崎墾レ田獲レ之、乃上レ官現蔵二于国司黒田公之府一、

印文は先達て入二御覧一候通り故略し申候、筑前より参候を写し申候て上申候、御返しに及不レ申候。

## 2　細井金吾の金印考

細井金吾の「漢委奴国王」印考は、畏友小篠敏に宛てた書状（差出年月日未詳）に述べたものである。しかも内容から推察すると、彼の金印観を本居宣長に伝えてもらい、折り返し宣長の金印観を敏から尋ねてもらうことに、その主眼が置かれている。

小篠敏は享保十三年、遠江国浜松で生まれ、「鈴屋門人録」によると、

○安永九年庚子　五十一歳
石見浜田松平周防守殿儒者遠江浜松号轡竜、小篠大記敏《みぬ》　初道冲

とみえ、しかも宣長の高弟であった。彼は一名御野とも書き、詳細な伝記はないが、(16)島根県浜田市真光町の観音寺（曹洞宗）境内にある「東海篠先生之墓」の墓碑銘に、親友大泉屈泉が文化乙丑（三年）夏六月に撰した伝記がある。儒医敏が、宣長の門人になったのは藩侯松平周防守康定の命によるものであった。時に五十三歳、宣長より二つ年長であった。彼は漢学和学に造詣深く、「周易蠡測」十三巻、「続日本紀考証」二十巻等、多くの著書を世に残した。(17)その学識により、彼が天明四年四月、鈴屋を訪れ、『萬葉集』の聴講者となった際(18)に、宣長は敏に「漢字三音考」の序文を依頼している。(19)それればかりか、宣長は敏を「小篠の翁」とか「浜田のはかせ」と呼んでおり、彼の学識の深さのほどがこれによってわかる。

また、彼は天明八年如何なる理由か明らかでないが、長崎に赴いている。その長崎訪問の成果の一端は、

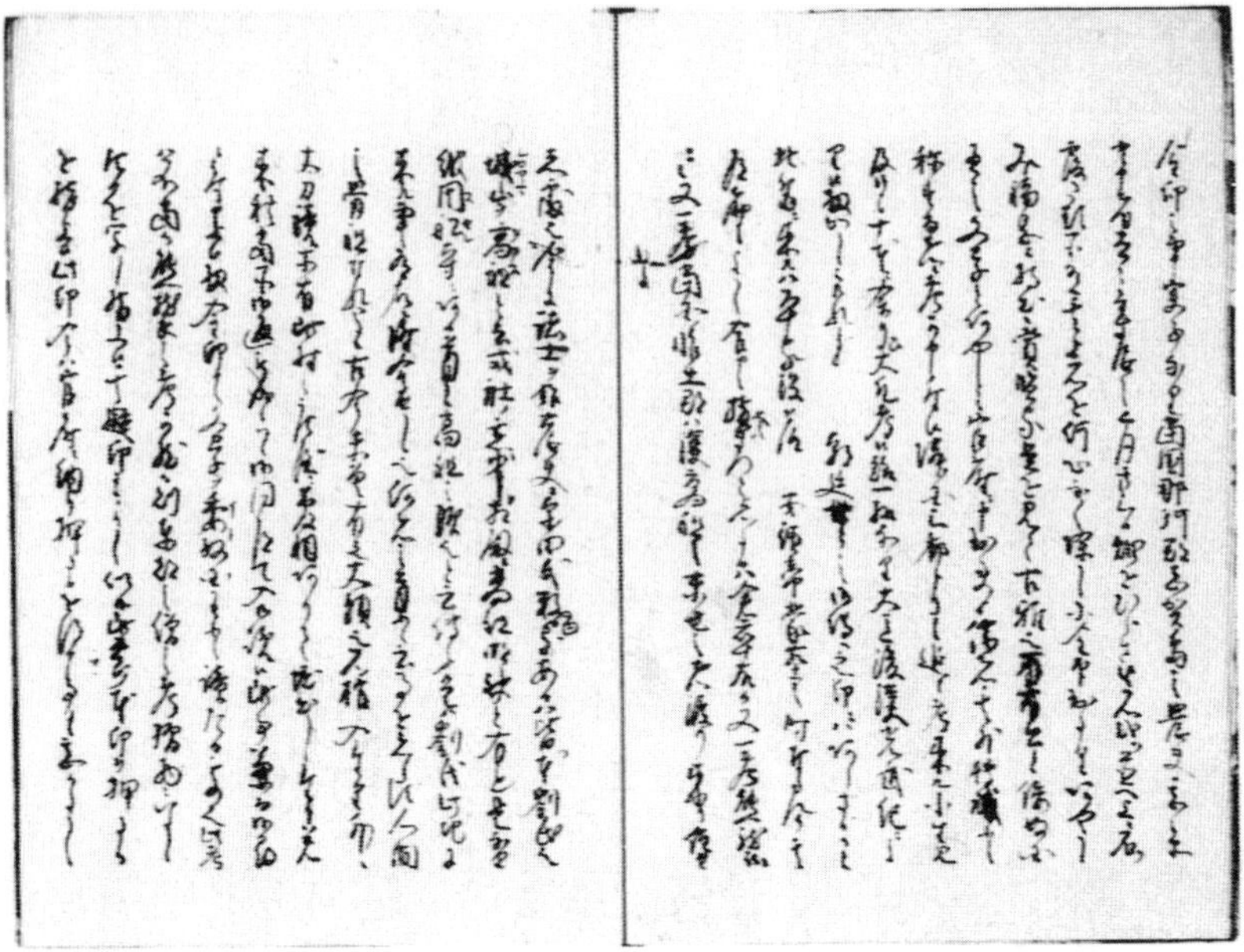

細井金吾「金印考」(写本。神宮文庫所蔵)

『玉かつま』二の「五十連音をおらんだびとに唱へさせたる事」の左の一文にもうかがわれる。

小篠大記御野といふ人は、石見ノ国浜田の殿のじゅしやにて、おのが弟子也、天明八年秋のころ、肥前ノ国の長崎に物して、於蘭陀人のまうで来てあるに逢て、音韻の事どもを論じ、皇国の五十音の事をかたりて、そを其人にとなへさせて聞しに、和のくだりの音をば、みな上にうを帯て、ゐはういの如く、ゑはうえのごとく、をはうおのごとくに呼て、いえおとはひとしからず、よく分れたり、こは何をもて然るぞと問ひしかば、はじめの和にならへば也とぞいへりける、かの国のつねの音も、このけぢめありとぞ、此事おのが字音かなづかひにいへると、云々、[20]

これは、加藤隆久氏が「宣長の「オヲ所属弁」の立証をしたわけである[21]」と述べているところであって、このことはまた、天明八年十月二十四日、荒木田久老に宛てた宣長の書簡にも大略その旨を伝えている。しかも文中に、「九州辺の皇朝学信仰之人多出来候由に御座候」[22]と、敏と長崎との関係を示した注目すべき一文がある。さらに、それの裏付けとして天明八年二月、敏の弟子である石見奈賀郡日脚村の日脚八幡社司、山根信満が敏に随従して長崎に赴いた際に記した旅行記に、

夫石陽与二崎陽一、雖二参商相隔一、東海先生之美名天涯遥聞、長崎之諸子慕二於徳音一、得二於介紹一而寄二書於先生之机下一、以請招矣、茲星天明戊申春二月、信也自随二于先生一往二于長崎一也、既至而弟子六十有余人、歓喜而待レ門、踴躍而称レ師、設レ席受レ訓者、不レ止二昼夜一也、[23]云々、

とあり、文面から解釈して、敏の長崎訪問は学問を通じても、以前から再三に及んでいたものと思われる。[24]

周知の通り、大熊浅次郎氏の「青柳種信年譜梗概」によると、敏の名は天明八年の条に初めてみられ、長崎下向の際に福岡で島井仁右衛門俊雄、田尻斉兵衛道足、細井金吾等と対面している。[25]しかし、金吾が敏に宛てた書状（金印考）に、「去々年辰二月廿三日」とあれば、天明六年を意味しよう。従って、天明六年には、金吾と敏とは面識があった筈で、信満の旅行記は事実を伝えているものと云える。

書状（金印考）は、津田源次郎が郡奉行として在任中のものである。津田が那珂郡の郡奉行になったのは、「福岡藩郡役所記録」によると安永二年六月一日である。[26]

細井金吾は、武谷水城氏によると、「細井広沢の後ち」とのことであるが、[27]弘化三年写すところの「黒田分限帳」（内閣文庫所蔵）には、

三人拾五石　　細井金吾

とある。金吾は一名判事、三千代麿とも云い、彼もまた、寛政五年に宣長の門に入っている。「鈴屋門人録」

には、

○寛政五年癸丑

筑前福岡　家中　細井判事　藤三千代麿

とある。しかし、宣長との交渉は彼の書状（金印考）によってもわかる通り、入門以前からであった。寛政三年、帆足長秋が宣長の書入本万葉集から書入れの部分だけを書き抜いた「万葉集諸説」に、彼の研究が既にみえている。

『万葉集』第六巻、「二十四オ」

水城ハ御笠郡ニテ、天智天皇三年大堤ヲ築テ水ヲタクハヘシム、此堤今ニアリ、宰府辺也、カノ芦屋ヨリハ十五里余西南也、又三城ハ今モ三城ト云テミナギト唱フ、下座郡ニテ大ナル村也、式ノ美奈宜神社モアリ、是也、水城ヨリ十里バカリ南之芦屋ヨリ十七八里アリ、如クレ此ナレバ、水茎ノ水城トヨメルコト不審也、以上筑前福岡儒臣細井金吾考ヘ也[28]。

鈴屋に入門後の金吾の活動は不明であるが、寛政七年八月二十九日に四十六（四十一カ）歳で他界したのであるから、当然なことと云える。しかし、青柳種信の「柳園集」[29]には、彼の一周忌の時に詠んだ宣長の歌として、

細井道世まろが身まかりしあくる年の秋によめる

朝露と消えにし人のおもほえて秋風吹けば袖ぞぬれぬる

とあり、また、寛政十年二月廿二日、宣長が種信に宛てた書簡の一節に、

一、細井氏去年三回忌ニ付愚詠御所望致二詠出一進申候、もはや時過候へ共先進申候[30]

とあれば、宣長は金吾を嘱望していたものと思われる。また、本居宣長記念館によれば、金吾は亀井南冥門

下で、甘棠館に所属していたという。

さて、金吾の金印考には特に取り立てて説明する論旨がない。書状であれば已むを得ないことであるが、敢えて申せば、彼は従来の「漢委奴国王」印の研究における、

(1) 修猷館教授等が建議した平家没落による紛失説。
(2) 上田秋成・藤貞幹の委奴《いと》国王説。
(3) 華亭釈澂の熊襲説。

等のうちで、その何れの説が最も妥当な解釈であるかを、小篠敏を介して宣長に問うたまでのものである。

右の(1)・(2)の説は、既に一般に紹介されているものであるが、今暫く彼の怡土説をみてみよう。まず、金吾が怡土説を支持しているかにみえる、「怡土郡は漢高祖の末世の者渡り来り住せし処也、今に諸士を始、農夫に原田氏数家あるは皆本劉氏也、城山を高祖と云」と紹介している一論拠に、左の「広益俗説弁」が挙げられる。

　俗説云、原田次郎大蔵種直が先祖は、漢の皇祖より出でたり、伝へきて漢高祖の皇子を虚船につつりこめて蒼海におしながす、此の船筑前国志賀郡たかすと云ふ所に着く、皇子の容貌等倫に超えければ、所の者ども奏聞をとげ勅許をかうぶり所の主となす、その苗裔原田氏なり、これよりたかすを高祖と書くも其のいはれなり、種直漢高祖を神に祝ひ高祖明神と号す、怡土郡にあり、(31)

また、「或社の志登の相殿に高祖明神と有も是なり」とある、「或社の志登の相殿」とは今日の志登神社（糸島市志登）で、今は相殿に高祖明神は祀られていないが、『和漢三才図絵』に、「筑前国志登神社在二志摩郡

志登村昔属二怡土郡一祭神一座豊玉姫相殿高祖明神・志賀大明神・神功皇后・高良明神」とみえている。

なお、「彼周船寺にある首も高祖の頭也と云伝ふ、是は劉氏此地に来る事有故に附会せし也、何者の首と云事をしらず、人間の骨組なれども古今未曾有の大頭也、石棺に入たる外に太刀鏡等あり、此村の庄屋に夢相ありて掘出したり、」とある一論拠として、左の「筑前国続風土記」を挙げることができる。

寛永六年四月十一日、村民新蔵と云し者、村の南道路の上なる丸隈山と云所に、石棺有由夢に見て、八月廿一日より掘懸り、同廿七日に掘出せり。石棺長七尺、横五尺、其内に隔有て、石の枕有。髑髏両方に二有。一は女人の首と見えて手にふれし時則くだけぬ。一は大なる髑髏にて今猶存せり。棺の内をば皆朱を以って詰たり。また棺中に刀鏃などくさりて、形許残れり。鏡三面有。（中略）さばかりの富貴の人を葬れる。所成べけれ共、碑字なければ知がたし。原田氏などを葬りしにや(33)。

以上が、金吾の一応の怡土説支持の裏付けといえよう。成程、彼の金印考は論旨に特徴がないが、しかし、この書状によって宣長の金印観が今日うかがえるのであって、その点、金吾の書状（金印考）は金印研究史上にその名をとどむべきものである。

なお、附記しておくが、金吾の書状にも不可解なものがある。すなわち、彼はこの書状（金印考）に釈澂の金印考を附して小篠敏に渡したにも拘らず、金印の鈕形については何等の発言をしていないことである。彼は郡奉行津田源次郎と親しい間柄であったというから、当然この金印をみる機会が与えられた筈である。しかも、釈澂の駝鈕論の非なることを論じていないことは不思議である。『印章備正』の著者富取鴻が「鈕形ナド尋ネシガ、其人印ノコトハ知ラザリシ故ニ詳ナラザリキ(34)」と文中に述べているところをみると、或は発掘当初から一般に金印の閲覧は許されていなかったのであろうか。

**【細井金吾の金印考】**

金印の事実事なり、当国那珂郡志賀島の農夫甚兵衛と申者、去々年辰の二月廿三日畑をひらき候に石弐つ並べ上に石を覆たる所あり、其石を何心なく除しに金印出たり、あやしみ福岡に持出賞鑑家是を見て古雅也不レ可レ言と倭奴国王の文字とあやしみ官府に申出候、夫より儒者其外博識と称する者に考可レ被二申付一候、隣国三都よりも追々考来る、小生見及候も十本に余り候、大凡考候趣一様なり、大意後漢光武紀により候、扨かしこけれども朝廷世々の御伝の印にはあらざるかと、此辺の島に来るは平家没落安徳帝蒙葬の時ならんか、其道筋もよく合申候、構へのざっとしたるは倉卒故か、また一考熊襲云々、また一考当国怡土郡は漢高祖の末世の者渡り来り住せし処也、今に諸士を始、農夫に原田氏数家あるは皆本劉氏也、城山を高祖と云、或社の志登の相殿に高祖明神と有も是なり、彼周船寺にある首も高祖の頭也と云伝ふ、是は劉氏此地に来る事有故に附会せし也、何者の首と云事をしらず、人間の骨組なれども古今未曾有の大頭也、石棺に入たる外に大刀鏡等あり、此村の庄屋に夢相ありて掘出したり、若来秋当所御通り被レ成候はゞ御同道にて入二御覧一候、此事兼て御尋に付申上候、扨金印の文字を委《イ》奴《ト》国王と読たるもの也、此考は不当か熊襲の考可レ然か、則東都の僧の考摺物にいたしたるを写し指上候、其擬印もよく似候、此節本印を押たるを指上候、此印今は官府に納り押たるを得申事も甚かたく御座候、郡奉行津田源次郎と申人、小生入魂に付初め役所に持出候節押たる印を所望仕候て為二御慰一指上候、役所にて押候故朱肉あしくをり心不レ宜且図をも写し差上候。右金印異朝に属したる事なれば余り可レ尊にはあらずと諸儒の論皆しかり、国学家にては尚更の事か、何れ大不思議の物にては御座候、如何思召候や、本居などは別に考も可レ有レ之や。

右筑前福岡儒者儒者細井金吾より来状の写

## 3　本居宣長の金印考

宣長の「漢委奴国王」印考は、門人小篠敏から渡された細井金吾の書状（金印考）を検討して、折り返し敏宛に認めた書状に述べたものである。従って、書状は天明六年乃至七年のものであろう。時に宣長五十七歳乃至五十八歳である。その論旨は、

(1) 倭奴国を「イト（怡土・伊都）国」とする説。
(2) 倭と委との関係。
(3) 倭奴国と倭国との関係。
(4) 倭奴国を熊襲とする説。

の四項目に分けることができる。以下、順を追って彼の論旨をみてみよう。

### (1) 倭奴国を「イト（怡土・伊都）国」とする説

宣長の「イト国」説は、彼の音韻論にある。すなわち、「字音仮名用格」[35]（安永四年）に、

〔い〕伊以異怡易已移夷肄〔以上九字古書ニいノ仮字ニ用タリ〕

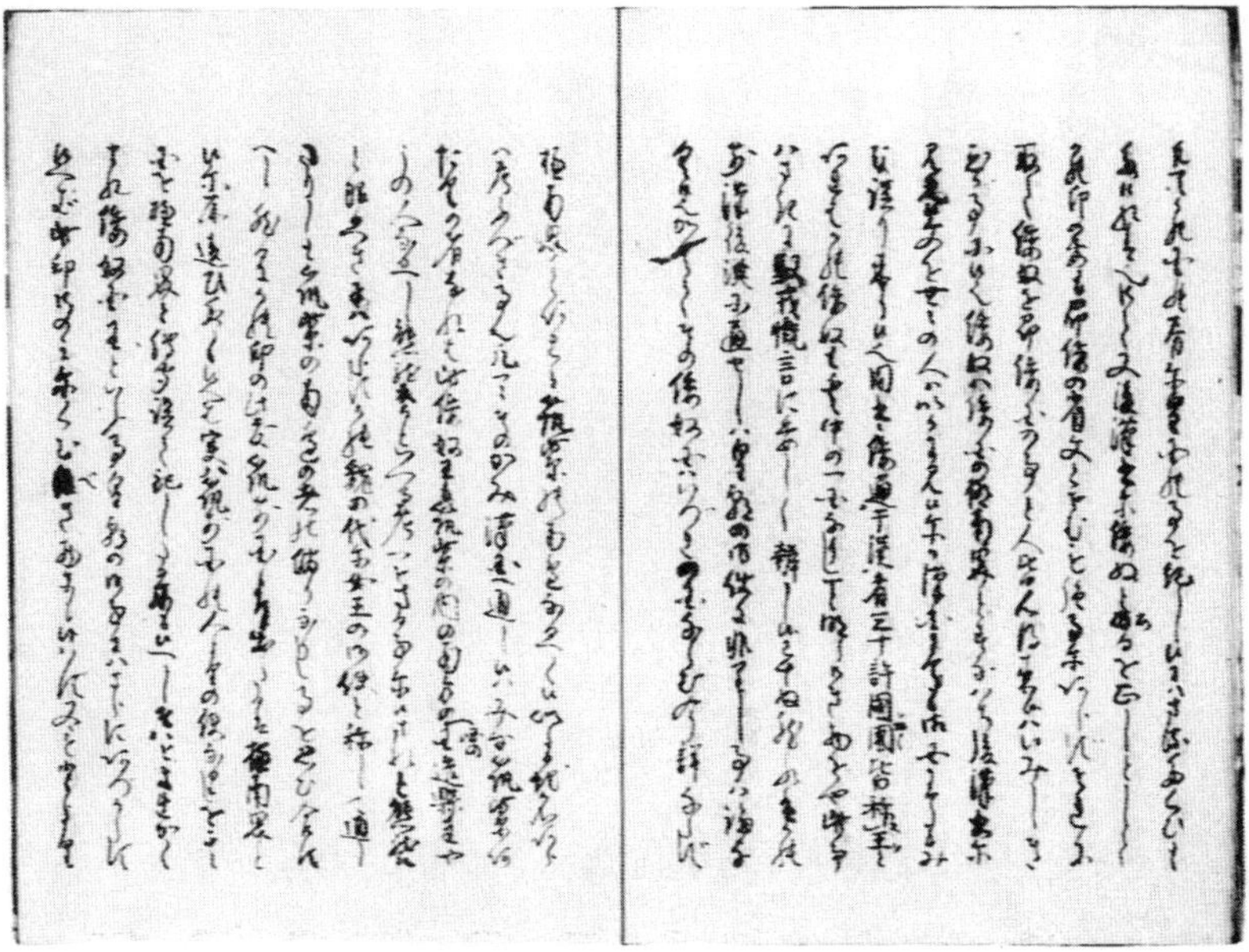

本居宣長「金印考」（写本。神宮文庫所蔵）

〔ゐ〕為韋位威謂渭偉委萎尉〔以上十字古書ニゐノ仮字ニ用タリ〕

と既にあるところで、これをもって書状には、「委はゐの音、伊怡等はいの音に候へばいかがあらん、古書にいとゐと混じ候事は見えざれば也」と結んでいる。しかし、彼は「イト国」説に対して純粋な音韻論に固守することなく、「奴」を「ト」と読むことを是認して「然共、是は漢国にて出候し字なれば、此方の人のといへるを、と聞なして書つることも候べし」と、貞幹・秋成の「イト国」説を否定していない。

### (2) 倭と委との関係

宣長は倭と委との関係について、「後漢書に倭奴国あるも倭の字もとは委《ヰ》なりしを、倭国の内の国名なれば、倭の字をイ偏《ニンベン》を脱せる物と心得て、後にさかしらに倭に作れるも知りがたし」と述べているが、「倭の字のもとは委（ヰ）」と解釈している。その後、青柳種信は『後漢金印略考』（文化九年）に、「後漢書に倭奴と作るハ委と倭と同音なる故に、通じて書たるのミ思ふハ委しからず、倭字委ノ音あれとも委ノ字に倭音あることなし其後の彼国の書等に、何れも倭ノ字をのみ用ひて委ノ字を作ることなし」(36)と論じ、これが周知の通り今日に至るまで「怡土国」「伊都国」説論者の金科玉条となっているところである。しかし昭和三年二月、加藤常賢博士が「漢字ノ起原」（九）で、

『委』此字ハ、説文（大徐本）デハ会意ノ字ト見テ居ルガ、小徐本デ「女ニ従ヒ（音符）禾ノ声（音符）」ノ形声ト見テ居ルガ正シイ。大徐本ニ対スル批判ハ既ニ多クノ学者ガ述ベテ居ル。「女」ノ意符ヲ伴フ以上、女ニ関スル意デナケレバナラヌ。徐灝ガ、

委ハ蓋シ婦女委婉遜順ノ義ナリ、故ニ女ニ従ッテ、禾ヲ以ッテ声ト為ス。古音ニテハ委ハ歌部ニ在リ。故ニ倭ハ委ノ声ニ従ヘリ。鼎臣ノ禾義ノ穂ヲ垂レテ委曲スルノ貌ニ取ルト云フハ非ナリ（段注箋）。

ト言フガ此字ノ本義デアル。

と説かれ、ここに「古音デハ委ハ歌部」に属していたことを論じ、明治以来の「倭」「委」論争も漸く終止符が打たれる契機となった。

なお、宣長は人偏《にんべん》の削除について「委も則倭の省文」と述べているが、日本の墨書で有名なのが、聖徳太子自筆という『法華経義疏』開巻にみえる「此是大委上宮王…」がある。しかし、中国の公印・印譜からでは、まだ発見できず、私印ではその一例として、明の何通の『印史』（巻之二）に「閔中朩」（閔仲叔）の印譜がある。(37)

### (3) 倭奴国と倭国との関係

倭奴国と委国との関係について彼は、「倭奴を倭国の事と人皆心得来候は、いみじきひが事に候也、倭奴は倭国の極南界」と論じているが、これは上田秋成も『漢委奴国王金印考』に、「倭奴は皇邦ノ号ニアラズ、筑紫ノ里名ナリ」(38)と云い、藤貞幹は『漢委奴国王印』で「倭国ハ此邦ノ惣名、倭奴国ハ極南界ニアル国也」(39)と既に述べているところである。

むしろ、彼の独創的な見解としては、「奴」論にある。すなわち、『魏志』の「又渡二一海一千余里、至二末盧国一、有二四千余戸一、(中略)東南陸行五百里、到二伊都国一、(中略)有二千余戸一、世有レ王、皆統二属女王国一、郡使往来常所レ駐、東南至二奴国一百里、(中略)二万戸、」を引用して、『駁戎慨言』上(安永六年)にいう「伊都国の次にいへる奴国は、仲哀紀の儺県《なのあがた》。宣化紀に那津《なのつ》とあるところにて筑前」(40)を指している。しかしながら、一方で倭奴国を「ワヌコク」と訓んでいることは(41)、彼は倭奴国と奴《な》国とは無関係の国であるとみていたのであろうか。書状(金印考)に、「倭奴国はいづれの国ならむ、今詳ならず、極南界とあれば、筑紫の南辺なるべく候、似たる地名あらば考ふべき事也」とあるので、同一国でないことを証するものであろう。

### (4) 倭奴国を熊襲とする説

この説は、華亭釈澂の金印論の主旨であるが、宣長も既に『駁戎慨言』上に、

　然れども此時にかの国へ使をつかはしたるよししるせるは皆まことの皇朝の御使にはあらず、筑前の南のかたにていきほひある。熊襲などのたぐひなりしもの丶。女王の御名のもろ〳〵のからくにまで高くかゞやきませるをもて。その御使といつはりて。私につかはしたりし使也(42)。

と論じているところである。書状（金印考）は、この論旨に多少手を加えたものである。

以上が、宣長の「漢委奴国王」印に対する論旨の考察であるが、結局、宣長は倭奴国を「いづれの国ならむ、今詳らかならず、極南界とあれば、筑紫の南辺なるべく候」と論ずるに止まった。音韻に詳しい宣長であったが、既に『馭戎慨言』に「奴」を「ナ」と解しながら、「委」を「ワ」と積極的に解釈なしえなかったために、貞幹・秋成の怡土・伊都説を否定しえず、斯様な結論を導かざるをえなかったのであろう。

しかしながら、宣長の「奴《ナ》」儺県説は、明治に至って漸く三宅米吉博士に受け継がれ、博士によって、「倭奴国《ワノナ》」説が樹立されたことは[43]、普く周知のところである。

## 【本居宣長の金印考】

委奴国王印の事、実説のよし、筑前の細井氏より書記しこされ候趣委く承候、まづ委奴をイトと読候考へ是もいはれたる事に候、もし然らば則筑前の怡土郡にて此国王といふ者は仲哀紀に見え候伊都県主の先祖なるべし、魏志倭伝に伊都国世有レ王統二属ス女王国ニ一と候は疑ひなく此伊都県主と聞えたり、さて此県主は高麗国より来候天の日矛の子孫と筑前風土記に見え候へば漢国へ通しけむをむかし有て覚え候也、又此度此印掘出し候も同じ国内に候へばいよいよよしある㕝に候也、但し委はゐの音伊怡等はいの音に候へばいかゞあらん、古書にいとゐと混じ候事は見えさればは也、然共是は漢国にて出候し字なれば、此方の人のいといへるをゐとと聞なして書つること候べし、さて又後漢書に倭奴国あるも倭の字もとは委《ゐ》なりしを、倭国の内の国名なれば、倭の字のイ《にん》偏を脱せる物と心得て、後にさかしらに倭に作れるも知りがたし、凡てかの国の書に皇国の事を記し候にはさるたぐひも多ければ也、さて又後漢書に倭奴とあるを正しとしてかの印の委も即倭の省文とせむも強事にあらず、それに取て倭奴を倭国の事と人皆心得来候は、いみじきひが事に候也、倭奴は倭国の極南界とすなはち後漢書に見え候文を世々の人はいかに見候か、漢国にても御国にてもみな誤り来り候也、同書に倭通二于漢一者三十許国、国皆称スレ王ヲとあればかの倭奴も其中の一国なりしこと明らけき物をや、此事はさらに駁戎慨言に委しく弁し申候畢ぬ、然ればかの前漢後漢に通ぜしは皇朝の御使に非りし事は論なく候也、かくてその倭奴国はいづれの国ならむ、今詳ならず、極南界とあれば筑紫の南辺なるべく候、似たる地名あらば考ふべき事也、凡そそのかみ漢国へ通し候は皆筑紫あたりの者なれば此倭奴王も筑紫の内の南方の国造県主ようの人なるべし、熊襲かといへる考へもさる事に候、されど熊襲と限るべきにはあらず、かの魏の代に女王の御使と称して通したりしも筑前の南辺の者の偽りなりし事を思ひ合すべし、然るにかの印の此度筑前国より出たるは極南界と候に所違へるに似たれ共、凡て異国にて伝聞たる事は違ひ多く候へば、実は筑前国の人よりの使なりしを其国を極南界と伝聞誤て記したるにも候べし、そはともかれかくまれ倭奴国といふ事皇朝の御事にはさらにあづからず候へば、此印さのみにくむべき物にも候はず、又もとよりたふとむべき物にも候はず、たゞいといと古き物に候へばめずらかなるを賞して有べきに候也

小篠主　　　　宣長

## 結言

江戸時代における「漢委奴国王」印の研究は、今後とも新資料として発見されよう。現に井本進氏の家蔵に「金印議」（寛政三年）、静嘉堂文庫に「委奴印記」なるものがある。しかし斯様な種類の研究だけで、日

本古代史上の倭奴国の研究が解決されるものではない。何れ、志賀島においても、安曇家所蔵の寛政二年の「那珂郡志賀嶋田畠名寄帳」上冊の他に、金印出土時の模様を記した文献もなお発見されるものと私は信じている。それによって、金印の出土地がさらに明確になろう。今後の「漢委奴国王」印の研究の方向としては、金印の出土地点を文献の上から探り、考古学者が実証すべき段階にあるのではなかろうか、と私は考えている。

註

（1）なお、『國學院雑誌』第三十六巻、第九号の「宣長記念遺墨展観目録」にも、「倭奴国王印之評　写合一冊　松坂、桜井祐吉」とある。井本進氏所蔵（井本本）の「金印之図」は沖森書店で購入されたものである。

（2）経雅が内宮禰宜に補されたのは安永二年十一月である。宣長との交際は早く、「本居宣長翁書簡集」（昭和九年）に安永七年六月廿四日（村岡典嗣氏は安永八年としている）宣長から経雅に送った書状がある。なお、中里竜雄氏「本居文庫の識語」（前掲『國學院雑誌』所収）にも奥書から宣長との関係を裏付ける資料がある。

（3）神宮文庫所蔵（特殊本）。

（4）『宇治山田市史』下巻、中川経雅の条参照。

（5）中島利一郎「倭奴国王考」上（『筑紫史談』第三集）。

（6）『雑芸叢書』（第一巻所収）。なお、「日本印人伝」（中井兼之撰）に杜澂みゆ。

（7）「書品」第二十八号。

（8）内閣文庫所蔵本。

（9）内閣文庫所蔵本（墨池編二〇巻附　印典　清刊）。

（10）中島利一郎氏所蔵。

（11）井本進氏所蔵（写本）。

（12）田敬之は、南冥の鈕図の写をみて『後漢黄金印鈕考』（天明五年刊）を著し、「鈕高四分形類レ蛇不レ審」と論じ、また、文政三年の『続風土記御調子附調子書上帳』那珂郡志賀嶋村（福岡県立図書館所蔵）にも「高四歩形ハ蛇の如くニシテ」とあれば、一般に金印の鈕形は蛇鈕とみていたと云える。

（13）亀井南冥の「金印弁」（天明四年）には、金印の鈕形が蛇鈕なることを『顧氏集古印譜』を引用して詳しく述べている。

（14）内閣文庫所蔵本（明刊）。

（15）すでに関野貞・竹島卓一両氏の研究によって、後漢尺は曲尺七寸七分五厘（二三四・八五粍）と割り出されていたが、近年、関野雄氏は「中国古代の尺度について」と題し、「漢尺は戦国大尺すなわち秦大尺を踏襲して二二五粍ではじまったが、前漢末のころから少しずつ延びだし、後漢の章帝の建初六年に至って、それよりも一〇粍長い二三五粍の尺が官尺として認められたらしい。（中略）私は藤井有鄰館所蔵の漢印を調べた際、それが前漢・後漢のいずれに属するかを、右の方法で知ることができた。さらに、かの有名な漢委奴国王の金印は、二三五粍の後漢尺で、各辺がぴたりと一寸になっていたのである」（『中国考古学研究』所収、一九五六年刊）と述べている。

また、入田整三氏は金印の方量を再調査されて、「総高七分四厘、鈕高四分二厘、印台方七分六厘、高二分八厘、重量二八・九八六六匁」と『考古学雑誌』（第二十三巻第四号）に報告している。

なお、斯様な註において発表させていただくことは誠に失礼であるが、本稿を執筆するに当

| | 重さ | 一辺の長さ | 高さ（全） | 台の高さ |
|---|---|---|---|---|
| 関中侯印 | 125g | 24.3mm | 22.2mm | 10.2mm |
| 崇徳侯印 | 131 | 24.3 | 21.00 | 10.20 |
| 博望侯印 | 135 | 24.3 | 20.00 | 9.00 |

たり、藤井守一氏にお願いして、すでに有名な「関中侯印」「崇徳侯印」「博望侯印」について、全頁下表の報告を賜わった。

すなわち以上の印は、一辺の長さにおいて、漢代の印制とは異なるようである（小林庸浩氏「両漢・新莽印について」参照）。

ところで、これも註で申し添えることは本意ではないが、「漢委奴国王」印の研究として、この金印に含まれている不純物について論じたものが全くないのは国宝に指定されている以上当然であるが、果たしてこの金印に用いられている金は精製されたものであろうか。かって、郢爰金の調査を日本銀行の郡司勇夫氏を通じて、日本鉱業株式会社の烏山試験所で分光分析をしていただいた結果、「不純物としては銀（四・八八％）、銅・珪素（一・三一％）で特に精製を行った跡がみられない。従って郢爰金は砂金を熔融整形したものと思われる」との報告をうけた。

(16)『浜田町史』（昭和十年刊）に、小篠敏年譜四十五歳とあるが、これは誤植である。観音寺住職小笠原大成氏の書入本にその旨あり。

しかし、敏の素性については「両御代《康福・康定》御家中分限簿」に、「実父遠州浜松松田氏小篠大記敏養父樽林順哲正徳四年九月七日御隠居様《康福》へ召出され小篠秀哲と改む大記初道仲明和二年酉五月二十五日跡式相続同五年十一月十五日御加拾人都合二十人扶持儒道本道給人医被㆓仰付㆒天明八年中八月十四日御書簡次席儒者被㆓仰付㆒名大記と改」とある（矢富熊一郎「小篠御野」昭和二十九年刊参照）。

(17)「周易蠡測」は文化六年に出版されている。

(18)日記。天明四年五月二日の条の註に、「石見国浜田ノ門人小篠敏、四月九日鈴屋ヲ訪ヒ、滞留中出席」とある（『本居宣長稿本全集』第一輯参照）。

(19)敏は直ちに翌五月に「漢字三音考序」と題して、応えている。

(20)『増補本居宣長全集』巻八、所収。
(21) 加藤隆久「本居宣長と小篠御野」(甲南大学『文学会論集』三二、所収)。
(22) 奥山宇七編「本居宣長翁書簡集」所収。
(23) 山根俊久氏所蔵。この文に続いて「秋八月帰郷」とあるから、同年八月に敏も帰郷したものと思われる。
(24) 矢富熊一郎氏は敏の長崎訪問について、「按ずるに、彼は一面藩医として医術に精通してゐる点を考えるとき(中略)蘭医の新術を知り度いとの切実な要求から発足させたものとしか思われない。(中略)そして再三に亘る彼地の往返は、不知不識の間に易学に対する彼の素養を周易に認識させ、往訪年を重ねるに連れて、多くの門下生を彼地に作った」と述べている(前掲註(16)の著書)。
(25)『筑紫史談』第六拾弐集、参照。
(26)『福岡県史資料』第四輯、参照。
(27) 武谷水城「筑前の国学と青柳種信」下(『筑紫史談』第拾七集)参照。
(28) 静嘉堂文庫所蔵本。「万葉集諸説」乾。
(29)「柳園集」は第二次世界大戦にて福岡県立図書館で焼失した。
(30) 春日政治「柳園資料─種麿宛宣長の書簡─」(『青靄集』所収)。
(31) 井沢長秀「広益俗説弁」後編。
(32) 寺島良安「和漢三才図絵」八十巻。
(33)「筑前国続風土記」巻之二十二、怡土郡周船寺(『益軒全集』巻之四)。
(34) 富取鴻「印章備正」金銀印の条。彼の名は「文化平安人物誌」にみえる。
(35)『増補本居宣長全集』巻九、所収。
(36) 山崎昌太郎氏所蔵。

(37)「印史」(内閣文庫所蔵本)。
(38)『上田秋成全集』第一、所収。
(39)「好古日録」所収、国立国会図書館所蔵本。
(40)『増補本居宣長全集』巻六、所収。
(41) 本居宣長「国号考」(天明七年刊)。
(42) 註(40)に同じ。
(43) 三宅米吉「漢委奴国王印考」『史学雑誌』第三十七号、参照。

(『二松学舎大学論集』昭和四十二年度に加筆)

**追記**(平成二十六年二月)

宣長が「奴」音「ナ」を、仲哀紀の儺県《な》に比定したのは、奴が五十音図のナ行に属するヌからの推測とも考えられるが、「魏志」倭人伝の卑奴母離《ひなもり》から割り出した形跡はない。また委奴国を「ワヌコク」と読んでいるのは、宣長の手元に范曄《はんよう》の『後漢書』があって、委奴国が「極南界」にあるために、奴国と異なる国と判断したことによるが、「極南界」の記述のない倭人伝が存在していれば、如何様に読んだであろうか。委奴国と三字をもって国名としたことは卓見である。しかし『旧唐書』倭国日本伝に「倭国は古の委奴国なり」とある記述については、宣長は見解を述べていない。筆者は稲葉君山が提唱する「ヤマト」説を支持する者である(稲葉君山「漢委奴国王印考」『考古学雑誌』一-一二、明治四十四年八月刊)。何れにしても宣長の周辺には、中国古代の古音に詳しい者の存在が見え隠れする。

# 四　烏孫《うそん》国の官吏に授けた金印紫綬

『漢書』によれば、烏孫国（西域伝下）の王号を大昆彌《だいこんび》または昆莫《こんび》という。その地は長安を去ること八千九百里、戸数十二万、人口六十三万、勝兵（強兵）十八万八千八百人を擁する。官号には相《しょう》、大禄、左右の大将二人、侯三人、大将・都尉が各一人、大監二人、大史一人、舎中大史二人、騎君一人とあり、その人員も記されている。元封年間（前一一〇～一〇四）、江都（江蘇省）王建《けん》の女、細君《さいくん》を公主として烏孫の昆莫（烏孫王）に降嫁せしめ、昆莫は右夫人とした。昆莫は年老いて、孫の岑陬《しんそう》に公主を嫁がせた。岑陬は官号で、名は軍須靡《ぐんすび》といった。公主は一女少夫《しょうふ》を産んだが、間もなく死んだ。漢は公主細君の後に楚王戊《ぼ》の孫女である解憂《かいゆう》を公主として軍須靡に嫁がせた。その長男が元貴靡《げんきび》である。軍須靡が死に、公主は翁帰靡に嫁ぎ、さらに翁の死によって狂王に嫁ぎ、鴟靡《しび》という一男が生まれた。やがて元貴靡と鴟靡が病死すると、公主は宣帝に帰国願を上書して、甘露三年（前五一）冬、離婚して帰国した。公主の身分は列侯と同列であり、「漢制皇女皆封レ県、公主儀服同二列侯一」（『後漢書』皇后紀第十下）。公主は田宅・奴婢を賜り、二年後に七十歳余で卒したと伝える。公主は諸侯王・列侯に準じて、その薨には「令レ贈二印璽・玉柙《ぎょくこう》・銀縷《ぎんる》一」とある（『続漢書』礼儀志下）ので、実際には諸侯王の待遇であった。

さて、これからが難問となる。まず、蛮夷諸国にとって漢室から公主を迎えるということが得策であったか。『後漢書』班超伝（第三十七）をみると「西域の月氏が嘗て漢を助けて車師を撃ち功を奏したので、月氏は漢の公主を求めたところ、超がこれを拒んだので、月氏は是れを怨恨《うら》み、和帝永元二年（九〇）、月氏は兵七万を将《ひき》いて超を攻めしむ」（原漢文）とあるので、漢室から公主を迎えるということは、漢室との関係ばかりでなく、近隣諸国に対しても有利であったのであろう。

また、公主の漢室における待遇は、『漢書』百官公卿表第七上に、「列侯が食《は》む県を国と曰い、皇太后・皇后・公主が食む県を邑と曰い、蛮夷が有《お》る県を道と曰う」（原漢文）とあれば、公主の身分は列侯といえよう。『説文』に「邑は国なり」とあり、諸侯の領地をいう。

本論に戻って、公主の解憂が漢の楚王の地に帰国してからであろうか、解憂の長男の元貴靡の子、星靡《せいび》が大昆彌となったので、幼弱を理由に、楚王の侍女（馮夫人）が養育のために烏孫に百人を率いて赴いた。また西域都護の韓宣が大昆彌星靡を尊び輔《たす》けるために、烏孫の大吏・大禄・大監の三人に三顆の金印紫綬を賜うよう上奏、漢はこれを許した、とある。この記事は『漢書』西域伝の烏孫の条にあって、『史記』には記載がないので比較できないが、事実とすれば、都護の韓宣は星靡を諸侯王（金璽盭綬《れい》）に位置付け、大吏らを列侯に見立てたのであろうが、『漢書』の宣帝の功臣表第五で、烏孫の功臣は屠驀《とばく》単于の子、左大将軍の一人であって、それも衆を率いて降っての功臣である。ましてその後、韓宣は、星靡は臆病で王位を免ずるべきだと漢に訴えたが、許されなかった。後に段会宗《だんかいそう》・廉褒《れんほう》と都護が更迭されたが、内紛が収まらず、三人の金印紫綬を奪い、改めて銅印墨綬を与えたという。

金印は蠟型《ろうがた》で作られているはずで、製品（金印）一顆（面）に一箇の蠟型を要するので、量産は出来ない。「漢委奴国王」の金印を昭和四十八年に改めて調査した鋳金家で日展評議員の会田富康氏は、この金印について、（一）原型は蠟型を考えるべきである。（二）文字は蠟石等の面に彫り込み、それに蠟を押しつける方法。（三）紐は蠟で作り、後から取り付けてある。（四）鋳物が出来上がって仕上げには、鋳口の余分な地金を取り去り、砥石などで鋳肌を研ぎ、字底の中を改めてタガネで仕上げる。（五）この金印は至極丁寧な仕上げである。（六）最後に「魚子《ななこ》タガネ」で紐全体を荒く模様風に打ち込んでいる。との報告を行っている。

ところで、大昆彌星靡を諸侯王に見立てたのが西域都護で、漢室が追認したこと、また烏孫の重臣に授けた金印紫綬が仮綬であるにしても、三顆も同時に与えたことなど、金印の製作に要する期日からみても漢の官制では考えられないのである。銅印などは、制限なく授けることは納得できる。金印は文字を撰び、印を刻む。当時の銅印の鋳造法は不明であるが、数多く造られた。金印は各一面の鋳物であり、蠟型法により朝廷直属の機関で製作されたはずである。少府と伝えるが不明。しかし、史料不足から金印の杜撰な現地調達という特例を否定することもできない。であるが、筆者の判断では、重臣三人に与えた金印は漢代から始まった金鍍金《めっき》であろう。

なお、三国時代の「魏志」第三十、韓伝に、邑君（銀印カ）・邑長（銅印カ）に印章を現地で授けている例として、左の記事がある。

景初中、明帝は密かに帯方太守劉昕《りゅうきん》、楽浪太守鮮于嗣《せんうし》を遣わして、海を越えて二郡を定め、諸韓国の臣智に邑君の印綬を加し賜う。其の次には邑長に与う。其の俗は衣幘《いさく》を好み、下戸（庶民）の郡に詣りて朝謁するに、皆、衣幘を仮《か》る。自から印綬衣幘を服する者、千有余人（原漢文）。

後漢の献帝建安年中（一九六〜二二〇）、漢王朝の公孫康《こうそんこう》が楽浪郡の屯有県以南の荒地を分けて帯方郡《たいほうぐん》とし、公孫模《こうそんも》や張敞《ちょうしょう》を遣わして漢の遺民を集めた上で、兵を起こして韓・濊《わい》を伐った。韓と倭は帯方郡に属することになったが、韓は帯方郡設置には寸断されることで反対であった。倭国は何らの支障もなく、帯方郡を足場にして魏との交渉に臨んでいた。景初中、魏は韓の武力蜂起を抑えるために、密かに船を浮かべ、兵力を運び、かたがた懐柔策として、魏の印綬を身分相応に韓人に授けた。馬韓の大国の王を「臣智」、中国の王を「邑借」という。弁辰の大国の王を「臣智」、以下は順に「険側《けんそく》」「樊濊《はんわい》」「殺奚《さつけい》」という官名であった。帯方郡太守・楽浪郡太守らは、まず二郡の地域を定めると同時に、国王である「臣智」には邑君の印綬を、次には邑長の印綬を与えた。また自ら印綬を製作した者が千有余人にも達したという。これらの千有余人の印は現地で大量生産したものであろう。しかし、この際の印が未だに一顆も発見、出土したという報告を聞いていない。しかし一九七三年に仁寺洞（ソウルと区別市内）で出土した銅印駝紐「魏率善韓佰長」（三行二字）は、かっての帯方郡の地域から発見された銅印といえる（韓国民俗博物館『韓国の印章』一九八七年刊）。

なお参考までに「邑君」「邑長」など、晋代の印を紹介しておく。一九七六年に湖南省から出土した銀印駝紐「晋蛮夷率善邑君」、銅印駝紐「晋蛮夷率善邑長」などがある。また、後漢の光武帝建武二十年（四四）に、韓人廉斯の人、蘇馬諟《そばてい》の「漢廉斯邑君」が『後漢書』東夷韓伝にみえるが、「邑君」の称号であるので、銀印駝紐の印であろう。

かつ、「魏志」韓伝の辰（韓）王は月支国に行政機関を置いており、官号には魏率善、邑君、帰義侯、中郎將、都尉、伯、長、侯などを設けているが、魏室から贈られた官号であろう。

加えて、「魏志」倭人伝に、倭の女王の大夫難升米は「率善中郎將」、次使の都市牛利に「率善校尉」と、軍事同盟を感じさせるが、印刻には「魏率善…」とあ

銅印駝紐「魏率善韓佰長」（『韓国の印章』より）

銀印駝紐「晋鮮卑率善中郎將」（『中華五千年文物集刊 璽印篇』より）

るはずである。次代の晋の印章刻法から推測できる。

なお、印章の「紐」について小林斗盦氏にうかがったことがある。返事は「国宝金印漢委奴国王の読み方」（私家版）でいただいた。

印のつまみの意として、『淮南子』に「亀紐之璽」とあるように、古くから紐・鈕二字が混用されている。『説文』には「紐は系也、鈕は印鼻也」とあるから、本義としては金ヘンの字を用いるべきであろうが、古印の紐式を記す最も古い文献である後漢の衛宏の「漢旧儀」には糸ヘンに従っている。論文などを書く場合は、最も古い「漢旧儀」によるべしという、羅福頤先生の示教により、筆者はいつも紐字を使うことにしている（謙慎書道会、二〇〇四年七月三〇日）。

## 補記

銅印の製作について（日本の場合）

『日本書紀』から印章に関する用語を繙《ひもど》くと、崇神天皇十年九月の条の「四道将軍」の件に「授㆓印綬㆒」とあり、推古天皇即位前紀十一月の条に「璽印」が、持統天皇六年九月の条に「木印一箇」とみえる。律令時代になってから鋳造の印章が製作されるようになったのであろう。順に記すと、『続日本紀』文武天皇慶雲四年（七〇七）三月の条に鉄印が廿三国に給せられ、元正天皇養老四年（七二〇）五月に太政官印が造られ、聖武天皇天平四年（七三二）十月に節度使に白銅印が道別に一面給せられた。

次いで『延喜式』内匠寮《たくみりょう》（中務省の被官）に、内印・外印・諸司印・諸国印などの鋳工者が所属しており、印文は陽刻の篆書体で、すべて銅をもって鋳造し、各一面の資材の用量は内印が最も大きく、諸国印が最も小さい。『令義解』公式令によると、内印は方三寸、外印は方二寸半、諸司印は方二寸二分、諸国印は方二寸とある。資材は熟銅《じゅくどう》、白鑞《はくろう》・臈《ろう》・調布・炭・和炭などである（左記原文参照）。古代中国のばあい、具体的には明らかでない。

内印一面料。熟銅大一斤八兩。白鑞大三兩。臈大三兩。調布二尺。炭三斗。和炭二斗。長功七人。（取臈様工二人。鑄二人。磨三人。）中功八人小半。短功九人大半。

外印一面料。熟銅大一斤。白鑞大二兩。臈大二兩。調布二尺。炭二斗。和炭二斗。長功七人。（臈工二人。鑄二人。磨三人。）中功八人小半。短功九人大半。

諸司印一面料。熟銅大十四兩。白鑞大一兩二分。臈大一兩二分。調布二尺。炭二斗。和炭二斗。長功六人。（臈工二人。鑄二人。磨二人。）中功七人小半。短功八人大半。

諸國印一面料。熟銅大十二兩。白鑞大一兩一分。臈大一兩一分。調布二尺。炭二斗。和炭二斗。長功五人。（臈工一人。鑄二人。磨二人。）中功六人大半。短功七人小半。

# 五　金印「漢歸義賨邑侯」について

賨邑侯《そういうこう》の金印については、潮見浩・梶山勝(1)の両氏によって研究が尽くされているが、私も卑見を述べさせていただき、叱正を請う次第である。

すでに潮見氏によって指摘されているように、南蛮の賨は、（一）南蛮の貢賦を意味するばあいと、（二）巴州の賨人（氏族）を指すばあいとがある。筆者は賨族の隆盛が賨布を背景として経済力を蓄え、その結果、後漢帝国から「漢帰義賨邑侯」の金印紫綬が授けられたという仮説から筆を執ることにした。『後漢書』『続漢書』には賨族・賨国（王）侯に対する金印紫綬授与の記録を欠いている。

まず、近時発表の論考をみると、中国歴史博物館編『中国歴史博物館』（中国の博物館第5巻）に、左の説明がある。

「漢帰義賨邑侯」金印　後漢　高2.6cm　辺2.3cm
方形で、駱駝の形の鈕がつく。陰文の篆書で「漢帰義賨邑侯」の六文字を刻む。賨人はつまり巴人、秦代に巴人の住んでいた地方に郡を置いた。『魏書』の賨李雄伝に「薄く其の民に賦し、口ごとに銭三十を出さしむ。巴人は賦を謂って賨と為す。因って名を為す(2)」とある。「帰義」とは、漢の中央政府が辺境の少数民族の首領に与えた一種の封号である。『後漢書』の百官志に「帰義侯・邑君・邑長」皆、丞「副官」有ること郡県に比（準ずる）とある。この印は後漢の朝廷が賨人の首領に賜ったものに違いない

金印「漢帰義賨邑侯」(右：『中国歴史博物館』より、上：王家祐氏写による)

(二〇五～二〇六頁)。

内容は「賨人」の由来を『魏書』列伝の賨李雄から起こし、「巴人は賦を賨となす」(原漢文)ことで国としての体裁をなさなかったとするが、そうなのであろうか。理解に苦しむが、『漢書』西域伝の王国には侯の存在が定着しており、国王の補佐役であろうが、漢室の百官公卿表の侯(列侯)とは、自ずから相違していた。『続漢書』百官志五の「四夷国」には、四夷の官名として「国王・率衆王・帰義侯・邑君・邑長には皆《み》な丞(副官)あり、郡・県も比《なら》う」(原漢文)とある。印章に刻まれた「帰義」は少数民族に与える漢室からの封号であり、しかも後漢になってから文献に顕れるので、この賨邑侯の印は、後漢時代のものといえる。

ついで、歴史資料として清末の『雲陽県志』巻二十二、金石の項に「漢賨邑侯印」を掲げ、概略を述べると、印は方形で、漢尺で径寸(一寸四方)、高さ四分、印の鈕《つまみ》は兎、金色で、刻文に「漢帰義賨邑侯」と曰う。後世の印人(篆刻家)が能くする所にあらず。清の光緒中(一八七五～一九〇八)に、県南(巴郡南部)の農民が農地を鍬で掘っている作業中に大銅洗銅製の大きな盤《たらい》を発見、中に沢山の五銖銭と印が入っていた。しかも昔の賨邑の地から出土したという点からみても偽作ではない、という記述である。

さらに、「魏志」武帝紀の建安二十年(二一五)の条をみると、[3]九月、巴郡(秦の雒陽《らくよう》〈洛陽〉の西三千七百里に置く)に住む七姓[4]の夷王朴胡《ふこ》と賨邑侯の杜濩《とこ》とが、それぞれ巴の蛮人と、賨の民とをひきいて帰順したという。そこで巴郡を分割して、朴胡を巴東郡の太守に、杜濩を巴西郡の太守とし、さらに二人を列侯に任じたという。この際の列侯は『漢書』百官公卿表第七上によると、二十級で、金印紫綬を佩びた。この「漢帰義賨邑侯」が金印であることは、文献の上からも実証できる。

朴胡と杜濩とが行動を共にした記事は、この外に、(一)「魏志」第八の張魯伝、(二)「蜀志」第十二の黄権伝、(三)同書第十三の王平伝の三ヵ所にみえる。しかし巴郡の分割は建安二十年ではなく、同六年(二〇一)であるという説が、『続漢書』郡国志五の巴郡の注が引く譙周《しょうしゅう》(巴西西充国の人)の『巴記』に、「建安六年劉璋が巴を分つ。永寧を以て巴東郡と為し、墊江《てんこう》を以て巴西郡と為す」(5)(原漢文)とある。

潮見氏によれば、この金印は現在の四川省万県市南郊(雲陽県、万県、奉節県の三県が接する地)双河口夾清垻《はい》から、清末の光緒年間に出土、印の紐は『雲陽県志』がいう兎紐《とちゅう》にあらず、「この地に多い未鈕《びちゅう》とみるべきであろう」(原漢文)と述べている。一方、梶山氏は一歩進めて「賨族の出身がどのようであっても、印を下賜された当時の賨族は、遊牧あるいは牧畜を主な生活の基盤としていたということが、金印「漢帰義賨邑侯」の羊鈕という鈕形に反映されているものと理解したい」と、賨族の生活様式が羊鈕に結び付いた」と論ずる。

管見であるが、「漢帰義賨邑侯」の読み方は、「漢の帰義賨邑の侯」と訓むのが正しいはずである。文献の上では、漢代の四夷には邑君・邑長の官名があるが、邑侯の官名は見当たらない。また『後漢書』『続漢書』を通じて「賨邑」の地名はないが、実際には存在していたのであろう。「帰義」の意味は、『後漢書』西南夷伝の筰都夷の条に「化を慕いて義に帰す」(6)(帰義)とあり、また「帰義侯」には同書西羌伝に、「永平元年(五八)に護羌校尉の陣営に、滇吾《てんご》の弟である滇岸が遂に降り、(明帝)の制を承けて帰義侯と為る」(7)(原漢文)とあって、大挙して漢に内属することが帰義侯の称号を与えられる条件とみられる。

ついでに、「帰義君長」の史料を紹介してみる。さきの西羌伝に「建武十三年（三七）に、白馬羌豪の楼登等が種人五千余戸を率いて内属す。光武（帝）は楼登を帰義君長と為す[8]」（原漢文）とある。君長は蛮夷に与える称号であるが、帰義君長は文献の上では数が少ない。漢に内属することによって帰義を付されたのであろうが、帰義君長は帰義侯の下位にある称号である。なお南蛮伝には帰漢里君がある。文献としては「建武十一年（三五）に、九眞徼外《きょうがい》の蛮里の張游、種人を率いて化を慕いて内属し、封じて帰漢里君と為す[9]」（原漢文）とある。里君は里長の下位の称号であろうか。

「帰義」に対する、一方の「率善」は、『史記』漢の文帝紀元年（前一七九）十二月の条に「上曰く、法は治の正なり。暴を禁じて善人を率いる所以なり」（原文「上曰、法者治之正也、所㆔以禁㆑暴而率㆓善人㆒也」）の意が、その称号と思われる。蛮夷の率善印の現存例は、甘粛省涇川県から一九六五年に出土した「漢率善羌長」（『考古与文物』一九八八年第一期）。また、銀印の率善中郎将は晋朝にも受け継がれ、内蒙古涼城県から一九五六年に出土した駝紐「晋鮮卑率善中郎将」がある（『考古』一九六一年第九期）。

ところで、筆者は金印「漢帰義賨邑侯」の姿を観察する機会に不幸にして恵まれなかったが、写真などの史料から判断すると、真印といえる。まず金印の出土地点が明らかであり、印の方量も漢代に等しく、紐は当初、駝紐とみていたが、潮見・梶山の両氏によって羊紐と確認されている。

賨が金印紫綬を授かった年代は、「魏志」武帝紀の建安二十年九月の条に、七姓夷の王である朴胡と、賨邑侯の杜濩とが、巴夷の民衆を率いて、巴郡の曹操軍に内附（服従）してきたので、巴郡を分割して、朴胡を巴東郡の太守に、杜濩を巴西郡の太守とし、二人を共に列侯にしたとある（「於㆑是分㆓巴郡㆒、以㆑胡爲㆓巴東太守㆒、濩爲㆓巴西太守㆒皆封㆓列侯㆒」）。しかし、問題は『後漢書』献帝紀の建安二十年（二一五）の条には、右の記述はなく、次のような献帝の皇后を立てた祝儀につきる。

「春正月甲子、貴人（曹操の息女）を立て皇后と為す。よって天下の男子（役人）に爵《しゃく》を賜うこと、一般には一級、（優秀な人材）には二級をせしめ、諸王侯・以下には穀を賜うこと差有り」（原漢文）。七月、曹操は漢中を破り、張魯降る。

当然なこととはいえ、賨に関する記録がない。また、杜胡、朴濩の人名も『後漢書』にはみえない。また同書の建安六年の記事は「春三月丁卯朔、日有食之」と日食の記事のみである。[10]

しかし、梶山氏の研究である「漢魏晋代の蛮夷印の用法―西南夷の印を中心として―[11]」によって、四川省雲陽県から出土した出土年未詳の銅印「帰義賨巴侯」の存在を知ることができた（徐中舒「巴蜀文化続論」『論巴蜀文化』所収、昭和五十七年）。この印には宗主国の「漢」を欠損しているのであろうか。漢室が蛮夷に与える侯印は、漢室が列侯に封じない限り正式に金印を授かることがないのか。仮授の場合は、まだ史料不足といえよう。しかし、蛮夷（四夷）に授ける印章は全て仮授と認識している。

また梶山氏は論考で、「漢帰義賨邑侯」の印について「この印は漢王朝が外臣の帰義邑侯に賜った印であることが明らかである。三国時代は不明であるが、晋代に外臣の帰義侯に下賜された金印は、晋鮮卑帰義侯、晋烏丸帰義侯、晋帰義羌侯の三例が知られている」と述べられているが、これら四顆の印を外臣に授けたというより、漢帝国に内属して金印を与えられたとみるべきではなかろうか。外臣のばあいは独立した国として認められているはずで、したがって、宗主国の郡太守に任命されているとは考えられない。賨の杜濩にしても、種族と共に漢に帰順して、郡の太守となり、列侯になっているのである。以上は筆者の愚管であり、叱正を賜らば幸甚である。

〔中国古印一覧表〕
梶山氏の調査一覧は『古文化談叢』第二一集、平成元年十二月。塩谷勝利氏の調査一覧は、福岡市立歴史資料館『漢　委奴国王金印展　金印発見二百年図録』昭和五十九年十月。谷口房男「華陽図志―非漢民族と漢民族官印」東洋大学アジア・アフリカ文化研究所『研究報告』第三四号、平成十二年三月などがある。

## 註

（1）潮見浩「「漢帰義賨邑侯」金印」岡崎敬先生退官記念論集『東アジアの考古と歴史』上、昭和六十二年、同朋舎出版。梶山勝「金印「漢帰義賨邑侯」と賨族」『野帳の会　考古学論集―久永春男先生頌寿記念―』平成十年五月。

（2）原文は北魏の「魏書」列伝八十四にある。
賨李雄、字仲儁、蓋廩君之苗裔也。其先居於巴西宕渠。秦幷天下、爲黔中郡、薄賦其民口出銭三十、巴人謂賦爲賨、因爲名焉。

（3）建安年号は後漢の献帝の年号で、後漢の献帝は建安十八年（二一三）五月に、魏の曹操に対して魏公に任命してからは、曹操の死去に至るまで彼に全てを任せる状態であったので、賨邑侯の金印も曹操によって授けられたとみて差し支えなかろう。

（4）『後漢書』南蛮伝に、光和六年（一八三）のことか、「巴郡南部の蛮は本と五姓あり。巴《は》氏・樊《はん》氏・瞫《しん》氏・相《しょう》氏・鄭《てい》氏なり」（原漢文）。巴郡の七姓との関係は未詳。なお、同伝の蛮夷の条に、「高祖の漢王と為り、夷人を発して還りて三秦を伐つ。秦地すでに定り、乃ち遣わして巴中《はちゅう》に還《かえ》し、其の渠帥の羅《ら》、朴《ぼく》、督《とく》、鄂《がく》、度《ど》、夕《せき》、龔《きょう》の七姓を復《ふく》し、組賦を輸せしめ」（原漢文）とあって、巴中の七姓を掲げている。しかし両史との関係は未詳。

（5）建安六年、劉綽分巴、以永寧爲巴東郡、以墊江爲巴西郡。

（6）慕レ化、帰レ義。

（7）以謁者領護羌校尉居狄道……而滇岸遂詣林降……承制封爲帰義侯。

（8）建武十三年、白馬羌豪樓登等、率種人五千余戸内属、光武封樓登爲帰義君長。

（9）建武十一年、九眞徼外蛮里張游、率種人慕化内属、封爲帰漢里君。

（10）渡辺敏夫『日本・朝鮮・中国―日食月食宝典』雄山閣、昭和五十四年五月刊。
斉藤国治『中国古代の天文記録の検証』雄山閣、平成四年九月刊。

（11）『古文化談叢』第二二集、平成元年十二月刊。

## 六　亀井南冥「漢印図説」の掲載と内藤耻叟の批判

亀井南冥の「漢印図説」は、彼の「金印辨」（天明四年）を補足するものとして天明年間に著録されたものである。自筆の版本（有枠組）でないことは板橋旺爾氏（元・熊本大学大学院講師）の筆者宛の書簡で証明されている。本書では現在、国立国会図書館古典籍資料室が蔵しているものを掲載した。三浦梅園の旧蔵本である。「梅園先生年譜（註）」によれば、梅園六十歳の時に、四十歳の南冥と詩文をもって交際を始める。本著は南冥が梅園に寄贈したものであろう。梅園は大分県は杵築藩の住民であり、医業のかたわら儒学者として藩儒綾部絅斎と揃って有名である。

その後、この図説は水戸藩士の内藤耻叟（文政十年〈一八二七〉～明治三十六年〈一九〇三〉）の手に渡った。おそらく東京帝国大学教授（明治十九～同二十四年）時代の頃であろう。彼は本著の欄外に「（倭奴国は）極南界ノ一国トアレバ、一郡一村ノ長ニテ、我日本国皇ニハアラズ」「委奴ハイヌナルㇷ《コト》又ハイトナルㇷ古人ノ説ニ従フベシ」と、南冥のヤマト国説を否定している。また南冥が「漢倭奴国王トアレバ、正ク属国トシタルニ相違ナシ」と述べていることに対し、「金印辨」と同じと反論もせず、更に委奴印は北九州の地域の「其地主ノ受ケタル印ナレバ、其主ト共ニ埋メタル也、棄テタルニ非ズ」と、金印の出土地はその地域の王の埋葬地で、故意に棄てた場所ではないという。そして文末には「此印ハ文字ノ渡リ初メナレバ、文字ヲ主トスル者ハ之ヲ崇フベシト云フモ（南冥の説には）甘（感）服セズ、唯此古物ナレバ之ヲ貴ブト云フノミニテ可也」

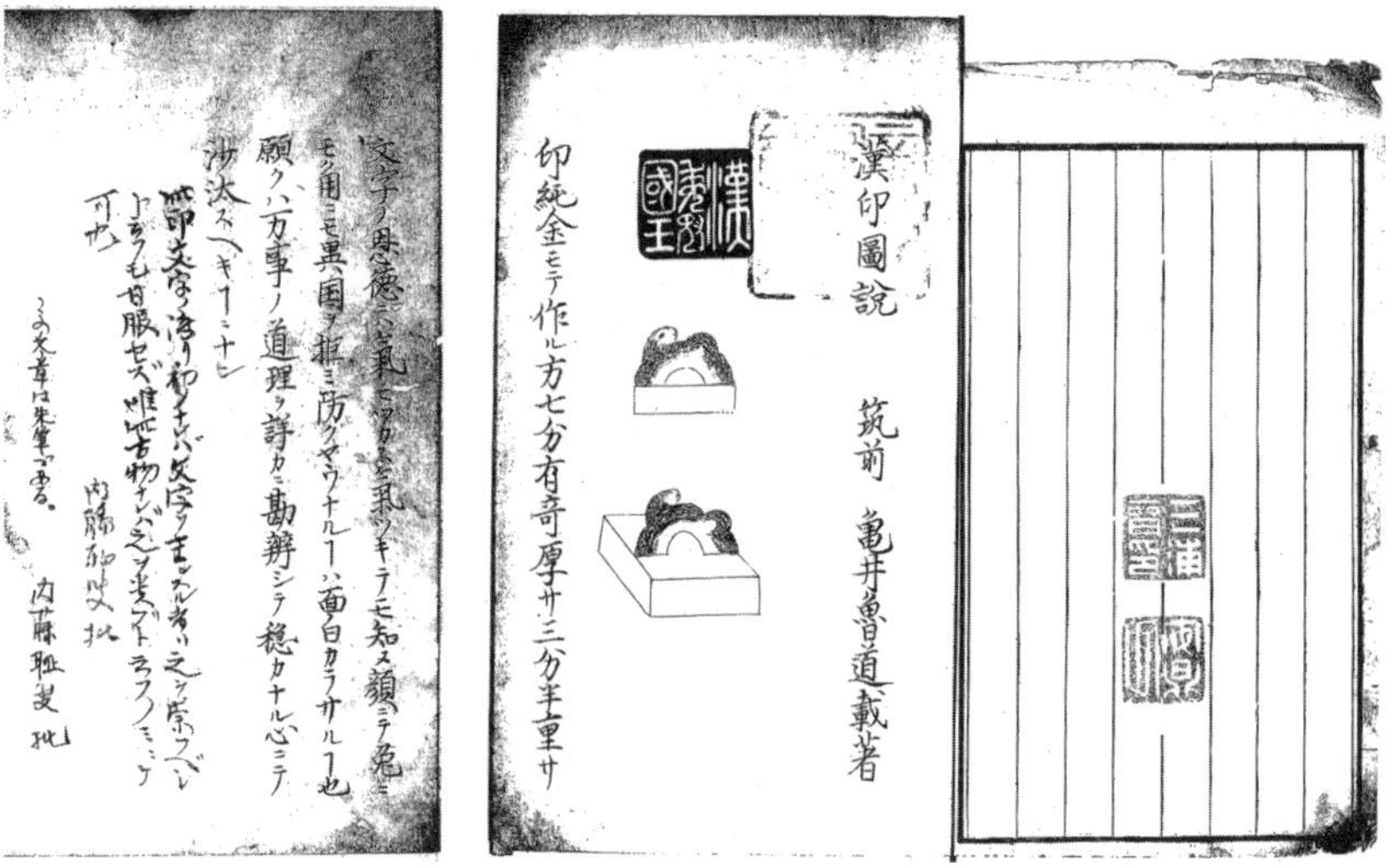


「漢印図説」冒頭部分（右）と巻末の内藤耻叟の書入れ部分（左）（国立国会図書館所蔵）

とあって、耻叟はこの金印の価値は骨董品に過ぎないと断言する。

一方の南冥は、明の王常編顧従徳校『集古印譜』に接して、出土の金印を真物と断定し、古物に止まらず、珍宝とすべきと説く。なお、注意すべきことは、南冥はこの『集古印譜』の影響によって、印章の紐《つまみ》を金偏としていることである。

この「漢印図説」は、さきに発表した「金印辨」に事例を挙げて補足した論であるが、金印を最初に鑑定した南冥の見解であるので、改めて全文を公表することにした。文面に訛謬、意味不明の箇所があるが、版本に従った。亀井昭陽筆になる日記「萬暦家内年鑑」（斯道文庫蔵）の天明四年の条には「東国飢饉、弘法大師九百五十年、甘棠館成、先考（南冥）年四十二」とあって、金印発見の記事がない（『亀井南冥・昭陽全集』第八巻上）。

「漢印図説」十七葉は版本であるので、数多く印刷されたはずであるが、今日のところ、国立国会図書館以外、公共図書館の目録に載っていない。

漢印圖説　　筑前　亀井魯道載著

漢委奴國王印影　　同印型

印純金モテ作ル、方七分有、竒厚サ三分半、重サ二十九錢、蛇鈕、高サ五分、徑弱リ、是ニ称フ蛇ノ形盤屈反顧シ、頭正シク後ニ向フ、尾左旋シテ上ニ指圖スル所ノ如シ、文ニ漢委奴國王ト云、委ハ倭ナリ、古字通用、

○右金印蛇鈕一枚、天明甲辰二月廿三日、本藩那珂（筑前國）郡志賀島農夫田ヲ墾シ、大石ノ下ヨリ是ヲ獲タリ、後漢書東夷傳ヲ案ズルニ曰、倭ハ在韓東南大海中、依山島為居、凡百余国自武帝、滅朝鮮、使譯通於漢者三十許國々、皆王世傳統、其大王居邪馬臺云々、又曰、光武中元二年、倭奴国奉貢朝賀、使人自称大夫、倭国之極南界也、光武賜以印綬云々、又三國志倭人傳、案ルニ曰、魏景初二年六月、倭女王遣太夫難升米等、詣郡、求詣天子朝獻、太守劉夏遣吏、將送詣京都云々、其年十二月、詔書云々、封親魏倭王、假金印紫綬云々、右二書ノ記ス所ニ拠ルニ異国ヨリ本朝ニ印綬ヲ送シヿ照然トシテ著シ、三国ヨリ以降、隋唐ノ際ハ尚又使者往来モ繁ク、種々ノ方物ナトモ互ニ贈答アリシカト、印綬ノヿハ彼国ノ記録ニモ見ス、殊ニ隨（隋）ノ末、唐ノ初ヨリハ倭ノ名ヲ改テ、日本ト称シタレハ、明ノ万暦中ニ大閤秀吉公ニ印綬ヲ送リタレト、日本国王ト記セリ、余賞監ニハ拙ナケレト、右ノ金印、集古印譜ニ載ル所ノ漢魏古印ニ質スニ篆刻體製ノ渾雅ヨリ字法、刀法ニ至テ疑フ方ナキ眞物ト見エタリ、但シ漢書ニハ印綬トノミアリテ、印材ハ詳ナラサルモ、魏志ニ金印紫綬トアレハ、漢モ同例ナルヿ推テ知ヘシ、囙テ竊ニ監定シ、後漢光武送ル所ノ印トス、世賞監家多ケレハ後、

自公論アルベシ、案ルニ後漢中元二年ハ、本朝ノ垂仁帝八十六年當リヌレハ、是歳天明甲辰ニテハ、正ニ二千七百二十八年ヲ歴タリ、邈焉トシテ悠久ナラスヤ、サスレハ彼国ノ文字、本朝ニ渡リシハ此印ヲ以テ最初トスヘケレハ、希代ノ至宝トヤ云ン、且ハ本藩興学ノ初年ニ限リ顕レヌルハ、文明ノ祥瑞ト云ンモ、誰カ然ラストセンヤ、

○附録、漢印或問

或問曰、右ノ金印漢魏ノ古物ニテ千年餘リ土中ニ埋リタランハ、印ノ文字并ニ鈕ノ雕刻等少シハ毀損シ色譯モ易ルヘキ筈ナリ、然ルニ篆文一點一畫ノ剝蝕ナク、鈕蛇ノ鱗形マテ新ニ作リ出シタル如クナルハ心得カタシ如何、

○答曰、許愼カ説文ヲ案スルニ、金有五色、黄金為長久ク埋テ不生百陶不軽ト云リ、久ク埋テ不生トハ幾年土中ニ埋メ置タリトモ鏽ツカスト云ヿ也、銕器銅器ナトノ朽敗ル、ハ、皆鏽ヲ生ル故也、譬ハ陶器同様ニテ鏽ヲ少モ生センハ、敗ルヘキヤウナシ、初メ此印掘出セシ時ニ、土ニマミレイタルユヘ小溝ニテ洗ヌレハ、直ニ右ノ通ニ成タルニテ摩(磨)抄シタルニテモナキ由也、佛書ナドニモ金剛不壊トテ佛徳ノ無量ヲ喩シケンモ、サルヿナルベシ、然レハ許愼カ説、益々信ルニ足テ毀損ナキ筈ト知ヘシ、

　或問、古印ノ鈕、亀鈕・虎鈕・駝鈕・環鈕・鼻鈕ナト種々品多ケレト、蛇鈕トテハナシ、然ニ此印蛇鈕ヲ用タルハイカナル訳ニヤ、

答曰、古印譜ヲ案スルニ、晋ヨリ蛮夷率善阡長ニ遣シタル印ニ虺鈕ヲ用タルアリ、其下ニ其義ヲ釈シテ蛮夷ノ地、虺蛇多シ、故ニ虺鈕ヲ用ユト云リ、是ニ因テ考レハ、虺ト蛇トハ同類ノ虫也、漢ト晋トハ相續キタル世代也、サレバ漢ヨリハ本朝ヲ東夷ト立テ、虺鈕目録ノ主意ニテ蛇鈕ヲ用タルナルヘシ、

　或問、右ノ金印全體ハ鑄物トハ見ヘサレト、綬ヲ通ス穴ヲ熟視スレハ、全ク鑄物ナリイフカシ、

○答曰、某モ初テ見シ時、イフカシク思シユヘ細工ニ巧者ナルモノニ問シニ、黄金ノミハ不思議ノ宝ニテ、鑄物ヲ雕刻スルヿ自由也、其金トハ格別ナル由答キ、サレハ此印怪ムヘキヿナシ、

　或問、異國ニテ本朝ノ国号ヲ種々ニ名ケタル内、倭奴国ト云タルハ、北胡ヲ匈奴ト称シタル同意ニテ大ニ鄙メタル詞ナルベシ、本朝ハ神国ナルヲ奴僕ノ奴字ヲ加エタルハ不満ナルヿナラズヤ、

○答曰、古語ニ知ル所スクナケレハ、疑フ所多ト云リ、倭奴ノ奴ヲ、奴僕ノ奴ト心得ルハ實ニ文盲ナル疑也、異国ニテ倭奴国ト称スルヿ慥ナル註釈トテハナケレトモ、鄙メタル詞ニ非ルハ明白ナリ、其訳イカントナレバ、蛮夷ノ外国ヨリ、漢魏晋ナトニ使ヲ通シタルヿ幾十ヶ国トモナク夥ヿ也、然ニ奴ノ字ヲ加ヘタルハナクテ本朝ニ限リ鄙メテ奴ノ字ヲ加フベキ訳ナシ、愚案ニハ本朝ヨリ漢ニ使ヲ通シ玉シハ、文字モナキ時節ナレハ、彼国ニテ国ノ名ハ如何ナリヤト問タランニ、本朝ノ使者口上ニテ、ヤマトノ国ト答ヘタルナルヘシ、彼国ニテ本朝ノ国号ヲ倭ト名ツケタルヿハ漢以前ヨリノヿノナレバ、ヤマトノクニト云詞ニツキテ、奴ノ字ヲ加ヘテ倭奴国ト記シタルナルベシ、奴ハ異国ノ音ニテノト出ル也、武備志日本考ニ、美濃ヲ米奴ト譯シ、紀伊ヲ乞奴苦藝ト譯シ、音韻字海ノ内ニ、本朝ノ詞ヲ譯シタルニモ牛角ヲ吾矢祖奴《ウシツノ》トシ、鶴項ヲ它立奴谷只《ツルノクビ》ト書タルニテ考ヘ知シ、匈奴トハ元来玁狁《ケンイン》ノ轉立ニテ、是又字音ニテ字義ニヨリタルヿニ非ス、彼国ノ註釈ニ見ヌヿナレハ、強チニモ云カタケレト、鄙メテ奴ト称シタルニ非ルヿハ彼国ノ文字ヲ呑込タル上ニテハ分リヤスキヿ也、必定、鄙メテ奴ト云タル訳ナラバ、韓奴国、越奴国、呉奴国、蜀奴国、朝鮮奴国ナト、称スルヿモ問ニハアルヘキ筈也、漢ノ代ニモ高奴王・雍奴侯ナトモアリ、孰モ郡縣ノ名ニテ倭奴トハ少シ訳チカヒタレト、鄙ヲ名付タルニ非ルヿハ同意ナリト知ルベシ、本朝ノ記録ニ異国ニテ名付タル国号ヲ集メタルヲ見

ニ、君子国・姫氏国・箕子国ナト云テイツクモ挙ヲキシニ、倭奴国ト云ヲアゲズ、孰ノ記録モ其通也、是モ奴ノ字ヲ鄙ヲ付タリト咎テ知ツ、除キタルモノ也、記録ヲ作ル程ノ学者スラ左様ナル文盲ナルヿアレハ、文字不案内ナル人ハ尤ノ疑也、然シナカラ鄙メテ名付サルヲ此方ノ文盲ニテ鄙メタリト思ヒ、波(彼)国ヲ咎メタルハ無理ナル腹立テ笑フベキヿナラスヤ、

或問、右ノ金印果シテ後漢書・三国志ニ記シタル通リナラハ、日本記(ママ)ニモ、其他ノ記録ニモ紀載(ママ)アルヘキ筈也、少シモ概見セサルハイカナル故ニヤ、

○答曰、ナルホド其疑モ一應ハ尤ノ様ナレド、夫ハ本朝ト異国ト人皇ニナリタルヿ遅速アレハ記録ニモ又詳畧アルヿヲ知サル也、案スルニ、後漢ノ光武中元二年ハ、本朝ノ垂仁帝ノ御宇ニ當リ、魏ノ景初二年ハ神功后宮ノ時ニ當レリ、其時、異国ニハ文字已ニ行ハレヌレハ、記録ハ随分詳ナル筈ナリ、本朝ハ人皇ニナリテ僅カ数世ノヿナレハ、世界イマタ得ト開闢セス、垂仁帝二三代以前ニテハ近江ノ潮ノ一夜ノ中ニ出来タリ冨士山ノ湧出タリナト、云ヤウナル時節ナレハ、万事ハ推テ知ルヘシ、文字ナケレハ記録ナトハ猶モツテ慥ナルヿアルベキヤウナシ、其後遙ニ年月ヲ歴テ元正天皇人王四十四代ノ御宇ニ至テ、舎人《トネリ》親王ニ詔シテ日本記(ママ)ヲ修セシメ玉フヿナレハ、其載ル所、天神世代・地神五代ハ言ニ及ハス、人皇ノ始ヨリ神功后宮前後マテハタト(ヒ)脱カ當時言傳、聞傳ヱタルヿナトヲ荒増《アラマシ》書載玉イシ計ニテ、遺漏定テ多カルヘシ、其外ノ記録モ準テ知ヘシ、其上、此金印、舎人親王以前ヨリ此島ニ埋モレ居タランモ計リ難ケレハ、日本記(ママ)、其他ノ記録ニモ載サル筈也ト知ヘシ、サテ徒然草頭書萃庵カ説、或ハ王代一覧、順徳帝紀ナトヨリ、是即神璽壽永ノ乱ニ、此地ニ埋レシナラント云者アレト、實ニ杜撰妄妖ノ説ニテ固ク辨スルニタラス、

或問、垂仁天皇ノ時マテハ文字愈ナカリシヤ、松下見林ノ異稱傳ヲ見侍ルニ、神武天皇ノ時ニ文字ニ

通暁シ、應神天皇ニ至リテ経学盛ニ行ハル、ナラント云ヘリ、此説ニ拠レハ、文字ハ人皇ノ始メヨリ傳習セシヿ見ヘタリイカン、

○答曰、見林ノ此説甚イカヽシ、神武帝ノ比ヨリ文字アラハ、神功后宮マテハ已ニ八百年ヲ歴ヌレハ尚又委キ筈也、然ニ魏志ニ記タ所ヲ見侍ルニ、文字ニテ通シタル模様ハナク、全ク重譯トテ通事ヲ所々ニテ幾次モ重テ假成ニ用事ヲ辧シタリト見テ間違ノ事ノミ記セリ、是ヲ以考レハ、其比マデ文字ナキヿ明白ナリ、貝源(原)好古和事始ニ大江匡房ノ莒崎記ヲ引テ、應神帝以前、文字ナカリシヿヲ證セリ、正實ノ論ナルベシ、サレハ神武帝ノ時マテハ思イモ寄ヌヿ也、見林モ神国ヲ貴ム餘リ申シタル説トミヘテ斟酌シタル言葉ニテ證據トテハ少モナシ、浮説ト云ヘシ、

或問、水戸黄門公日本史外国傳ノ説ヲ案スルニ、推古帝ノ御宇ニ始テ隨(ママ)ニ使ヲ通シ玉フ、其以前ノ事、異国ノ記録ニ載タルハ一切虚妄ノ説ニテ信スルニ足ス、マシテ朝貢封爵ノ事ニ至テハ絶テコレナキヿ也ト云ヘリ、英雄ノ明断確論ト云ヘカリキヤ、

○答曰、黄門公日本史ヲ修シ玉イ、外国傳ニ古来ノ雑説ヲ疑ヒ隨(ママ)以後ノ正キ説ノミヲ挙用ヒ玉シハ、孔子ノ書経ニ堯舜以後ヲ取ヲカレシ同様ノ見識ニテ實ニ英雄ノ明断ト云ヘシ、然ルニ後漢書東夷傳ニモ光武本記(ママ)ニモ懇ニ記シ、三国志ニハ尚又、委ク載タリ、風俗地形開祖等ノ事ハ傳會ノ説傳聞誤リ、勿論多シト見エケレト、倭女王名ハ卑弥呼《ヒメコ》ナト書タルハ全ク神功后宮ノ御事ヲ云タルニ相違ハアルマシキソ、神功后宮三韓ヲ征伐シ玉フ御器量ナレハ、彼国ニモ使者ヲ遣ハサレ好ヲ通セラレタルヿアルマシキニ非ス、サテ又、使者往来モナキニ異国ニテ私ニ虚説ヲコシラヘ、箇程マテ委ク記録スヘキヤウナシ、黄門公モ外国傳ニハ右ノ通リ、隋以前虚妄ノ説ハ取用ストアレト、本記(ママ)漢魏ニ使ヲ遣ハサレタルヿヲ記セリ、本紀ニ拠レハ外国傳ノ説ハ立

カタシ、外国傳ノ説ヲ主シ玉ハ、本紀ニモ載玉ハヌ筈也、自語矛盾ト云ヘシ、畢竟日本史イマタ精選ナラサル書ニテ定説トモ云カタカルヘシ、且朝貢封爵ヲ受玉ハサルヿハ勿論ノコト也、本朝ヨリ使者ヲ通セラレシヲ彼ニテハ朝貢ト記スヿサモアルヘシ、本朝ニハ所詮封爵ヲ受玉ハヌヿナレハ朝貢ニ非ルハ是又、勿論ノ事也、本朝ノ記録ニモ外国ヨリ使者参レハ、イツモ来朝貢獻ト記ス史家ノ常例也、外国ノ使者ナドモ盡ク朝貢ニテモアルマジケレト内ヲ貴ヒ、外ヲ卑ムハ禮也、□□（虫損）人情也、互ニ防害ナキヿニテ強チニ論スルニ足サルヿニナン、

　或問、此印漢倭奴国王ト云文字ナレハ、漢ノ属国トセシ也、假使マコトニ千年外ノ物也トモ我神国ヲ瀆スニ似タルヿナレハ、取上ヘキ物ニ非サルナラン、

○答曰、成程漢倭奴国王トアレハ、正ク属国トシタルニ相違ナシ、サラハ本朝ハ漢ニ附属シタル国ニテ王位ナルヘキヤ、否然ラス　本朝ハ元来スベラギト称シ奉リテ、皇帝ノ位ニテ王位ニ非ス、尚又、委奴国王ト称シ玉ヒタルヿ勿論コレナキヿナレハ、漢ノ封爵属国ニアラサルヿハ五尺ノ童子モ辨エ知トコロ也、然ラバ此方ヨリ請玉ハザルヲ漢ヨリ推テ、王位ニ封シ、属国シタルハ不届千萬ノ無禮ナラズヤ、サレハコソ此印参リタル時ノ、天子怒ラセ玉ヒ、此島ニ棄《ステ》玉ヒタルナルヘシ、天子ノ一旦棄玉イタル印ナラハ、今トテモ、取上マジキヿナラン、是又シカラズ、前段ニモ辨ジタル通リ、垂仁帝ノ比マデハ人皇ニナラセラレテ漸ク十代餘リノヿニテ文字サヘナケレハ、万事不束ナル時節也、彼国ハ是ニ異也、堯舜ヨリ夏・殷・周・戦国・秦・漢ヲ歴テ後漢ト移リヌレハ、文明ノ最中也、殊ニ天下ノ中央ニ国シテ、四方ノ夷狄モ追々ニ帰附シ国境ノ廣大ナルヿ、本朝十陪餘ノ事ナレハ、本朝ノ使者参リタルニ右ノ通リ、文字モ通セス、万事不束ナルヿナレハ、一通ノ夷狄ト存シ、御使者ヲ朝貢ト申立テ封爵ヲ与ヘ、属国ニシタルモ、サモアルヘキヿニテ、強テ漢ヲ咎

ムヘキヿニ非ス、畢竟諺ノイヘル吾佛尊シニテ、吾国ヲ貴テ他邦ヲ賎ムハ人情ノ常也、漢ヨリ本朝ヲ東夷ト賎ムハ、本朝ヨリ彼国ヲ外国毛唐人ナト、嘲ルカ如シ、本朝ヨリ膝ヲ屈メ、手ヲサケ属国トナラセラレタルニテハナク、彼国ヨリ推テ属国ニ致シタルトテ何ノ害ニモ恥辱ニモナルマシキヿ也、サテ、其時ノ天子怒ラセ玉ヒ、此印ヲ此島ニ棄サセ玉フナラントハ、當時ノ目ニテ推量シタルモノニテ間違ノ評ナルヘシ、其訳イカントナレハ、垂仁帝・神功后宮ノ比マテハ此印ノ文字當世ノ人ノ阿蘭陀文字ヲ見ルヤウナルモノニテ多ハ讀メザリシナラン、假使者ノ口上ニテ其訳分リテ御心ニ受サセ玉ハストモ、怒ラセラレ棄玉フトハ委シ過タル推量ナルベシ、果テ怒ラセラレタルヿナラハ、其後再ヒ使ヲ通セラレサル筈ナレト、神功后宮モ再ヒ使者ヲ遣ハサレ、以後六朝・隋・唐ト相續キ、歴代使聘、往来絶サリシヿ決定アルマシキ筈也、抑、此島ニ埋レ居タル訳ハ、今更考フベキ便リトテハナケレトモ、棄サセラレタリト云ハ、其時代ノ模様ニ疎キ云分ナルヘシ、又此印文ニ属国トシタルハ我神国ヲ瀆スニ似タリト云ハ、尚又鄙拙ナル論ニヤアリケン、恭惟ルニ、吾日本ハ辱クモ天照大神ノ御末、神武天皇ノ開セ玉シ国ニテ、帝統相續キ万代一姓トテ實ニ万国ニタクイナキ目出度神国ナレハ、異国ナトノ如ク君臣相奪ヒ動スレハ、天子ノ位ヲ犯スヿ猟師ノ鹿ヲ逐カ如ク、尭舜・湯武トテモ跡カタモナク、漢・唐・宋・明モ二三百年フリニハ滅亡シテ、終ニハ韃靼ノ狄ニ奪取レタルヤウナル拙キ国體ニ非ス、然ルヲ此一印ニ委奴国王トアレハトテ瀆ル、ノ恥辱ノト沙汰スルハ誠ニ管中ヨリ天ヲ窺フヤウナル見識ニテ鄙拙ナル説ナリ、東方ニ君子国アリト異国ノ書ニ記シタルヲ、本朝ノヿヲ賞シタリトテ悦フモノアリ、此印ニテ神国ヲ瀆ストテ怒ルト同様ノ見識也、赫々タル神霊ノ国、君子国ト云ハトテ、光ヲ増スヘキニアラネハ委奴国ノ印ニテ、光ヲ滅スヘキヤ、此位ノヿニ悦ヒ、怒ルハ狙《サル》ノ橡ノ實ノ多少ニテ喜努セシト云譬ニ似タルヿニテ畢竟、道理ニ暗キユヘ穏カナラザル心ト知ルベシ、

或問、以上ノ説ニヨレハ、漢ノ古物ニ相違ナキニテ、珍宝トスベケレト、強チニ尊崇スヘキ訳モアルマシキヤ、

○答曰、是又、得ト稽アルベキ也、異国々體ヲ申セハ、右ニ辨シタル通、神国ニ及フベキニ非ズト云トモ、聖人ノ開闢シタル国ニテ、五常・九経等ノ道トクニ開ケ、文字ヲ制作シテ其道ヲ書、載セ、古来聖人ノ礼樂政刑ノ筋、後代ニ傳リ、又抑、又此制作ノ一事ニヲヒテハ天下万国及フベキ国トテハナシサレハ、本朝ニモ應神天皇ノ御宇ニ及ンテ百濟ヨリ経書ヲ渡シタルヲ国人ニ修行セサセ玉ヒ、神道ト並べ行ハセ玉フ、其以後、追々文道ヒラケヌレハ、万ノ法令、五常・九経道モ備リ孝謙天皇四十三代ノ御宇ニ至テ、歴代天皇ノ謚号ヲ定メ玉ヒ、種々ノ御記録等モ全備シテ神国威霊弥増盛ニナリヌルハ、偏ニ彼国ノ文字ヲ備テノヿ也、サレハ、文字ノ事ノミハ仰テモ餘リアル恩徳ト云ヘシ、恩徳トハ甚キ云分ノヤウナレト、本朝モ自然異国ノ文字ヲ備用ヒズンハ、人倫ノ道ナドハ神国相應ニハ備ルヘケレトモ、五常・九経ノ教ヨリ、文武・法律ノ筋箇程マデハ、調マジキ也、其上、天照大神ヨリ神武帝以下ノ天子ヲモ御本名ヲハ大和言葉ニテ唱へ奉リ、假名文字ニテ書立ルヨリ外ノ仕形ハナシ、サレハ神武帝ハカミヤマトイハレヒコノスヘラキ、神功后宮ハヲキナカタラシヒメノミコトナト称シ奉ルニテアリケン、加之《シカノミナラス》、今日通用ノ書状、記録等モサソカシ事長キモノニテ埒モナキヿナルヘシ、然シナカラ、阿蘭陀ナトモ其国ノ文字ニテ通用スレハ、無理ニスマスト申スニテモアルマシケレト、右ノ通リ、不文ニテハ、神国ノ威光モ余程減スルナルヘシ、是ニヨリテ考レハ、文字ノ事ハ恩徳ト云ハンニ、過稱トモ云カタシ、サレハ後世ノ今日マテハ、應神帝ヲ文武中興ノ聖徳ト崇メ奉ルモ文字ヲ教ユ経学ヲ取立玉ヒシ故也、然ルニ此金印ノ應神帝ヨリ遥カ以前渡シモノニテ、異国ノ文字、本朝ニ渡リシハ此印ノ五字ヲ以テ最初トモスヘク、且ハ二千年近キ黄金ノ力ニテ、今ニ傳リタルモ目出度ヿナレハ、假初ニモ

文字ノ恩徳知タラン人ハ、字面ノ是非ニ拘ラズ深ク尊崇スヘキ筈ニテ、一通ノ古物ノ珍器ヲ重宝スルトハ格別ノ訳ナルヘシ、殊ニ筑前ハ應神帝誕生ノ地ニテ此印ノ其地ニ限リ顕レヌルモ、我儕国人ノ心ニハ奇異ノ想ヒナキニシモ非ス、然ルニ凡庸ノ了簡、偏狭ナル見識ニテハ條理モタ、ス、専ラ贔屓ノ説ト成リ、天照大神・神武帝ハ元来其通リ唱エ奉ルヤウニ心得、文字ノ恩徳ニハ氣モツカス、氣ツキテモ知ヌ顔ニテ兎ニモ角ニモ、異国ヲ拒ミ、防クヤウナルヿハ面白カラサルヿ也、願クハ万事ノ道理ヲ詳カニ勘辨シテ穏カナル心ニテ沙汰スヘキヿニナン、

（朱筆）

此印、文字ノ渡リ初メナレバ、文字ヲ主トスル者ハ、之ヲ崇フベシ、ト云モ甘（感）服セズ、唯此古物ナレバ、之ヲ貴ブト云フノミニテ可也。　内藤耻叟批

**註**

『梅園全集』上巻、梅園全集刊行会編、弘道館刊、明治四十五年孟春。

# 七　印譜「親魏倭王」を載せる『宣和集古印史』官印序文

明の萬暦二十四年（一五九六）に来行学（生没年不詳）が『宣和集古印史』八巻を著し、その八巻の蛮夷印の印譜の中に、「親魏倭王」（二字二行割）の印譜を載せ、解説に「銅印獣鈕　魏景初二年、既平㆓公孫氏㆒、倭女王遣㆓大夫難升米㆒、来朝、封」とある。この印譜が古印史に載る経緯は、左の「宣和集古印史官印序」を献じた明の屠隆《とりゅう》（字は長卿、萬暦の進士、官は礼部主事）で、『明史』二百八十八、屠隆列伝によれば、「蒐集の家蔵の古印（譜）を合せ」たものの中に存在したのであって、小林斗盦氏がこの古印史は「真贋雑糅多数の木刻印譜」と称しているところである（西川寧編『書道講座』（6）篆刻『印譜の話』一九七二年二月刊）。もちろん、この「親魏倭王」の印影は趣味による贋物で、解説も金印を銅印とするなど、紹介に値しない印譜である。

印譜「親魏倭王」

三国志「魏志」倭人伝の景初二年（二三八）十二月「汝（倭の女王）を以て親魏倭王となし、金印紫綬を仮し」とあるので、右の印譜の「銅印獣鈕」は金印であるはずである。また印譜の解説に「景初二年、既に公孫氏を平げ、倭女王の大夫難升米を遣はし」とあるが、この記述が正しければ、女王の大夫の派遣は景初二年でも正しいことになる。なお印影銅（金）印の紐は「獣紐」に相違ないが、果たして何の獣形であろうか。一般には「漢委奴国王」の金印に倣って、蛇紐と考えられている。それにしても、本書に「親魏倭王」の印譜を作成し、かつ掲載するに至る経過は、この印史の官印序以外に見当たらない。

『宣和集古印史』八巻は明の來行學撰、北京図書館蔵、明、萬暦二十四年、来氏寶印齋鈐印本

附《四庫全書總目・宣和集古印史八巻》提要

なお、訓読は二松學舎大学横須賀司久名誉教授に依頼した。括弧内は筆者の加筆である。本書は高い評価が与えられていないが、序文のみを紹介しておく。

宣和集古印史官印序

印に史《し》有《あ》り、夫《そ》れ印とは何する者ぞ、同文符《ふ》を合し、信（眞）を伝え、奸(姦)（いつわり）を坊《ふせ》ぐの物なり。帝王に在《あ》りては則ち国璽と爲《な》し、官師搢紳《しんしん》に在《あ》りては則ち官印と爲《な》す。民間に在りては、則ち私印と爲《な》す。率《おほむ》ね六書《りくしょ》を用い、古篆・鳥跡《ちょうせき》・蝌蚪《かと》・蟲魚・龍鳳・鐘鼎・玉柱・倒薤《とうかい》の諸体に遵《したが》ふ。是れ結縄《けつじょう》の変にして、蒼頡《そうけつ》の遺《い》なり。

程邈《ていばく》変じて小篆と爲《な》し、李斯《りし》又《また》変じて八分と爲《な》す。八分又変じて隷《れい》と爲《な》す。隷《れい》とは其の奴隷《どれい》に通ず可きを謂《い》ふなり。凌夷より鍾《しょう》・王《おう》に至り古灋蕩然《こほうとうぜん》たり。故に曰《いわ》く、書は鍾・王に妙に鍾・王に壊《やぶ》ると。惟《た》だ印章は則ち今に至るも変ぜず。然《しか》れども亦寖《またやうや》く古《いにしえ》の佞《ねい》ならざるが如《ごと》からず。

古崆同石鼓を考ふるに、通儒鉅人《つうじゅきょじん》の盡《ことごと》く識《し》る能《あた》はざる有《あ》り。而《しこう》して書法《しょほう》を蒼考・玄夷・蒼水・龍威・霊文に知《し》らんには、往往之《これ》を名山に藏《ぞう》し、之を洞府《どうふ》に秘《ひ》す。而《しこう》して書法の神《しん》を知らんには、又真誥・紫微・雲林諸真の称する所を考ふるに、天章・雲篆・三元・八会・霊篆・明光の章、神霊・符書の字は絶へて

人間尸穢《しわい》の俗体《ぞくたい》を去《さ》る。

書《しょ》を作るや、天粟《てんぞく》を雨《あめ》ふらせ、鬼夜哭《きよるこく》すと。謂《い》ふこころは其《そ》の玄宰《げんざい》の秘《ひ》を洩《も》らすは、頡《けつ》より始《はじ》むと為《な》すなり。

雲間《うんかん》の顧氏《こし》、嘗《かつ》て古今の印章を集めて、著《あらは》して『印藪《いんそう》』一書を爲《つく》る。古印災木を闕略《けつりゃく》する所多く、博物《はくぶつ》の君子病《や》めり。

固陵《こりょう》の來君顔叔《らいくんがんしゅく》、『宣和印史』を桐棺《とうかん》の丹筒《たんとう》中に得《え》、又生平家藏《またせいへいかぞう》の古印を合せ、悉《ことごと》く諸家の手摹訓詁《しゅぼくんこ》を褒《あつ》め、『印藪』の載せざる所、顧氏の見聞を獲《え》ざる所の者多し。嗚呼盛《ああさかん》なるかな。

眞僊之《しんせんこれ》を清微に度《はか》り、霊人之《れいじんこれ》を玉檢《ぎょくけん》に秘す。古今の帝王將相、或いは生きては册府と同じく藏し、歿しては珠襦《しゅじゅ》と同じく殉《じゅん》ずる者。而《しこう》して一旦史帙《しちつ》に集《あつ》められ、第して卷を披《ひら》き廻環し、而して悉《ことごと》く其の精霊光恠《こうかい》を収む。余神物の妒《ねた》む所と爲るを愳《おそ》るなり。

顔叔方《まさ》に茂齢《もれい》に在《あ》り、志を青雲の業に抗《あ》げ、其の餘力を以て、博古、搜奇、精核此《せいかくか》くの如し。其の当代の中壘（官名）にして戟《げき》を執《と》り、豊城に司空《しくう》たる何ぞ疑はん。

顔叔の王母、節烈《せつれつ》を以て聞《きこ》ゆ。人の墓に廬《いおり》するの孝《こう》を尊《たっと》びて、喜禎《かてい》に感じて種《たね》を種《う》う。乃はち生るる諸子琳琅玉樹《りんろうぎょくじゅ》なるかな。

烏衣《うい》の王氏は、風流文采、江左《こうさ》に冠《かん》たり。実に太保《たいほ》に発祥し、徳夫《とくふ》に至り本根茂る。而《しか》る後、華藿《かかくし》従《たが》い生ずるは理固《りもと》より然《しか》り。

娑羅園居士屠隆緯眞甫譔

## 八　漢代五文字の印制について

『史記』孝武本紀第十二、元封七年（前一〇四）夏の条に「漢改レ暦以二正月一為二歳首一、而色上レ黄、官名更二印章一以二五字一、因為二太初元年一」とあり、『漢書』には武紀第六に、太初元年、「夏五月正レ暦以二正月一為二歳首一、色上レ黄、数用レ五、定二官名一」とある。しかし、漢代の皇帝六璽は四文字で刻されているように、中央官庁の官吏の印綬は原則、秦朝以来四文字であった。

『漢書』匈奴伝の始建国元年（九）に、さきに宣帝が甘露三年（前五一）のこと、匈奴に「匈奴単于璽」を授けていた璽綬を王莽が取り上げ、「新匈奴単于章」と改めたのは有名な記述であるが、この章印は六文字である。この「匈奴単于璽」の五文字であれ、「新匈奴単于章」の六文字であれ、蛮夷には五字の制限がなかった。

『漢書』における章印は、列伝三十四上、朱買臣伝にみえる。会稽の出身で、武帝の時、厳助に推薦されて官に就き、会稽太守となり、「其印会稽太守章也」とある章綬を佩びた。太守の任期中は地方官であるので五字印が授けられたのか、武帝が定めた官吏は五字印によったものか、にわかに定めがたい。以下、封泥から印制を探る。

陳介祺・呉式芬同輯の『封泥攷略』（清の光緒三十年〈一九〇四〉刊）から五文字で刻した封泥を探ると、大司空印章、裨将軍印章、太史令之印、光禄勲印章、中郎将印章、衛尉之印章、延尉之印章、左馮翊印章

（以上は漢朝官印封泥）などが、さらに周明泰輯『続封泥攷略』（民国十七年〈一九二八〉刊）からは、北海相印章、斉御史大夫（以上も漢朝官印封泥）などがある。

なお、同じく漢朝官印封泥を『再続封泥攷略』（『続封泥攷略』の附として刊行）から探すと、綏辺将軍章、考昭園令印、膠東相印章、淮陽相印章、真定内史章、南陽太守章、沈犂太守章、五原太守章、代都太守章、遼東太守章などを挙げることができる。なお、三国の魏の人、張晏がいう「之印」「之章」を補って、印章を五文字とする規則を探っても見当たらず、「章」にしても、『漢書』にはさきの朱買臣の「会稽太守章」と、匈奴（列伝第六十四下）の「新匈奴単于章」の二顆にすぎない。『漢書』の顔子古注が引く、張晏の「印文五字に足らざれば、之を以て、之を足《おぎな》う」というのは、如何なる印・章文のばあいをいうのか、記していない。

前掲の『封泥攷略』をみても、「太子令之印」「衛尉之印章」「廷尉之印章」などの「之」を加えている理由を把握することができないし、また「印章」と二字を加えている理由も、制度が不明で理解に苦しむ。封泥で分かることは、前漢の郡の太守は章綬であったが、『再続封泥攷略』では「河間太守」「清河太守」とあり、即ち後漢時代をむかえると、太守に「印」「章」の文字もなく、四文字で授けられている。『漢旧儀』『漢官儀』の全文が伝えられていれば、以上のような疑問なり、問題なりは氷解するのであろう。

日本人の手によって、朝鮮の楽浪郡治址から出土した「楽浪太守章」「楽浪大尹章」などは、今日では韓国の文化財として貴重な存在となっている。「大尹《たいいん》」は『漢書』王莽伝（第六十九中）に「郡太守を改めて大尹と曰う」とあり、新の王莽時代の封泥であることが分かった。しかし、「漢委奴国王」「親魏倭王」の封泥は、楽浪郡・帯方郡からも発見されておらず、漢・魏の都である洛陽から出土することを期待している。

なお一言、前漢の金印蛇紐「滇王之印」の出土後、一九八五年四月には、海南省楽東県から銀印蛇紐「朱盧執刲」（一辺二・四センチ）が発見されている。黄展岳氏の報告によれば、前漢の武帝時の官印という（『考古』一九九三年第一一期）。

# Ⅱ

# 阿曇氏――金印出土地出身氏族

# 一　『日本書紀』編纂からみた阿曇氏

漢代の倭奴国の地域は、後年の阿曇氏発祥の地と重なっている。理由は「漢委奴国王」金印が出土した古代の筑前国糟屋評（郡）（文武天皇二年初見）志賀島（神亀年中初見）からの判断である。両者の占有地（面積）は不明であるが、倭奴国は阿曇氏配下の地域より、はるかに宏大であったと推測できる。ついては左に『日本書紀』における阿曇氏の活動の一端をみてみよう。

『日本書紀』によると、阿曇氏は天武十年（六八一）三月丙戌（十七日）に、天皇の詔によって、川嶋皇子ら十一氏と共に天皇の帝紀及び上古の歴史の編纂に従事する。

> 川嶋皇子・忍壁皇子・広瀬王・竹田王・桑田王・三野王・大錦下上毛野君三千・小錦中忌部連首・小錦下阿曇連稲敷・難波連大形・大山上中臣連大嶋・大山下平群臣子首に詔して、帝紀及び上古の諸事を記し定めしめたまふ。大嶋・子首、親ら筆を執りて以て録す（原漢文）。

とある。皇子・王・諸氏が如何にして選出されたか知る由もないが、帝紀及び上古の諸事に通じており、大嶋と子首は編纂に長けていたのであろう。いうまでもなく、上毛野君三千以下の豪族の順位は、右の天智天皇三年（六六四）二月の冠位二十六階の順に記載されている。

ついで持統天皇五年（六九一）八月辛亥（十三日）には、さらに氏族の資料を有する十八氏に詔して、その祖先活動の事蹟を提出させている。この詔にも阿曇・上毛野・平群の三氏が加わっている。津守氏・忌部

氏がみえないのは不思議である。恐らく故意に除いたのであろう。さらに、

十八の氏、大三輪・雀部《さざきべ》・石上・藤原・石川・巨勢・膳部・春日・上毛野・大伴・紀伊・平群・羽田・阿倍・佐伯・采女・穂積・阿曇に詔して、その祖等の墓記を上進《たてまつ》らしむ（原漢文）。

『釈日本紀』述義十一、持統天皇の条には古写本の「墓記」を「纂記」とする。墓記とあれば金石に記していた可能性があり、纂記とすれば料紙に記され、史料の分量も多いはずと考えられる。阿曇・平群とならぶ上毛野氏は、崇神天皇四十八年夏四月丙寅（十九日）の条に、「豊城命を以て東を治めしむ。是れ上毛野君・下毛野君の始祖なり」（原漢文）とあって、上毛野氏は地方豪族としての尊称である君姓を賜り、さらに天武天皇十三年（六八四）十一月戊辰朔に、君姓から八色の姓の朝臣（真人に次ぐ第二位）に陞った。『先代旧事本紀』国造本紀によると、上毛野国造は崇神天皇の「瑞籬朝に、皇子豊城入彦命の孫、彦狭嶋が始めて東方十二国を治平《おさめ》て封じ爲《たま》ふ。」（原漢文）、また下毛野国造は、仁徳天皇の「難波高津朝の御世に、元は毛野国を分ちて上下と爲し、豊城命四世の孫、奈良別を以て初めて国造に定め賜ふ。」（原漢文）とあって、上毛野氏は上野国の豪族であった。また、仁徳天皇五十三年に、新羅が朝廷に朝貢しないので、夏五月に、上毛野君の祖、竹葉瀬と、重ねて竹葉瀬の弟を遣わして事に当たらせている。さらに天智天皇二年（六六三）三月には前《まえ》の将軍上毛野君稚子、中・後の将軍の三編成の軍団が通訳を伴って、二万七千人を率いて新羅を打（撃）つとあり、しかも上毛野君は国内の蝦夷を鎮圧するなど、軍事面でも活躍している。

平群臣については仁徳天皇元年正月己卯（三日）の条に、木菟宿禰《つくの》が平群の始祖であるという。仁徳天皇紀が初見である。ところが『古事記』は孝元天皇（大倭根子日子国玖琉命）の四番目の妃「山下影日売を娶《めとり》して、生める子、建内宿禰、此の建内宿禰の子、并せて九たり。男七女二」（原漢文）とある。これまた四番目が

平群都久宿禰であり、平群臣・佐和臣・馬御織連等の祖と『古事記』にみえる。『古事記』の系譜に関する資料の蒐集は『日本書紀』と相違するものが存在したといえる。平群の事蹟としては、推古三十一年（是歳）、新羅が任那《みまな》を伐つことにより、天皇は新羅征討のため、小徳平群臣宇志・小徳大伴連某・小徳大宅臣軍らを副将軍と為し、数万の軍勢を派遣して新羅を討っており、又国内でも、用明天皇二年（五八七）四月丙午（二日）、天皇が仏教（三宝）への帰依の可否を左のように群臣に諮《はか》っている。

「朕、三宝に帰《よ》らむと思ふ。卿等議れ」とのたまふ。群臣、入朝《まゐ》りて議る。物部守屋大連と中臣勝海連と、詔の議に違《たが》ひて曰さく、「何ぞ国神を背きて、他神を敬《ゐや》びむ。由来、斯の若き事を識《し》らず」とまうす。蘇我馬子宿禰大臣、曰さく、「詔に随ひて助け奉るべし。誰か異なる計を生《な》さむ」とまうす。（原漢文）

仏教公伝の可否のなか、中臣勝海連は物部守屋大連に指示し、太子彦人皇子の像と竹田皇子の像を作って死を呪うなどしたが、しかし仏教導入の世論には勝てず、彦人皇子を訪問、帰途に天皇側近の舎人迹見赤檮《とねりとみのいちひ》に襲われ、殺された。すでに勝負が決まったと思われるが、蘇我馬子宿禰大臣は同年秋七月（崇峻天皇即位前紀）に、諸皇子と群臣に勧めて、物部守屋大連を滅ぼすことを謀り、馬子大臣が率先して群臣を率い、守屋を討った。時に平群臣神手も、蘇我氏と同じく建内宿禰を祖とすることもあって、軍兵を率いて志紀郡より渋河の守屋の居住屋敷に就いたという。

阿曇連については『古事記』上巻に、綿津見神は阿曇連等の祖神とあり、『日本書紀』神代上においても、「少童命は是れ阿曇連等が祭る所の神なり」（原漢文）とあるが、「ワタツミノ神」を祭るのは阿曇連の外に、他の豪族は見当たらない。海人族を指したものであろうか。海人の宰といえば、応神天皇三年十月の条に、「処々の海人、訕哤《さわめ》きて命に従はず、則ち阿曇連の祖大浜宿禰を遣して、その訕哤きを平ぐ。因りて海人の宰とす」（原漢文）とあって大浜の居住地が問題となるが、『釈日本紀』第六（述義二、神代上）が引く「筑前国風土記」（逸文）「資珂嶋」には、

昔者、氣長足姫尊、新羅に幸しし時、御船、夜時来て此の嶋に泊てき。陪従、名は大浜・小浜と云ふ者あり。便ち小浜に勅して、此の嶋に遣りて火を覔《と》めしめたまふに、……小浜答へけらく、「此の嶋と打昇の浜と、近く相連接《つづ》けり。殆同じき地と謂ふべし」といひき。因りて近嶋と曰ひき。今、訛りて資珂嶋と謂ふ（日本古典文学大系『風土記』）。

とあるように、大浜は志賀島周辺の阿曇の地の出自ではなさそうである。一方、履中天皇即位前紀の仁徳天皇八十七年正月に、天皇崩御し、皇太子大兄去来穂別尊の履中天皇即位に際して、阿曇連濱子が皇位継承の動乱に巻きこまれ、元年四月丁酉（十七日）、天皇の計いで死罪を免れて墨の刑に科せられ、また濱子に従った野島の海人等の罪を許された。阿曇連濱子は淡路の野嶋の海人であった。この野嶋は今日、兵庫県津名郡（淡路島）北淡町野島地区と推定されている。さきの阿曇連大浜も史料の上で野島の出自と考えられまいか。遡る応神天皇二十二年春三月戊子（五日）の条に「淡路の御原の海人八十人を喚《め》して水手《かこ》として、吉備に送《つかは》す」（原漢文）とあって、『倭名類聚抄』に三原郡阿万《あま》郷とある。阿万郷は今日、兵庫県三原郡（淡路島）南淡町阿万の地である。かって阿曇の海人が活躍した地域であろう。

以来、阿曇氏は国の内政に関与することを避けて、（1）外政に関する外交、（2）仏教界での地位の確立、（3）本来の朝廷の供御《くご》（海産物など）の調達、など、積極的に地位を固めるように努力をはじめている。

まず阿曇氏は緩衝期間を置いて、推古天皇三十一年（六二三）に、任那ぐるみの新羅征討を支持するが、新羅が幣物をもって戦禍に至らなかった。次いで翌年四月には、阿曇氏（名を闕く）が僧尼院などを掌る法

頭に任命されている。孝徳天皇白雉四（五）年（六五三）には、僧旻法師が阿曇寺で死去したが、摂津の安曇江をさすという。寺院のあったことは、真言宗の僧である恵運が嘉祥元年（八四八）八月、女御藤原順子の発願で京都に安祥寺を建立した際に、廃寺となった阿曇寺から梵鐘を移したと伝えている（『大日本地名事典』）。恵運は山城の人で安曇氏で、入唐八家の一である。安（阿）曇氏にとっては代表的な僧侶で、天長十年（八三三）には福岡県の観世音寺講師、筑前国講師になったが、現地の活躍は明らかでない。

皇極天皇元年（六四二）正月には、舒明天皇崩御の報に、百済は弔使を遣わし、阿曇山背連比羅夫が筑紫到着の模様を伝え、併せて当時の百済事情を詳しく報告、高句麗の内情を探るについては、津守連大海を高麗に派遣しているが短期間で帰国させている。比羅夫の大仁は推古天皇の冠位十二階の第三に当り、舒明天皇九年（六三七）の蝦夷の反乱に際して大仁上毛野君形名《かたな》を将軍となしている。次いで、斉明天皇三年（六五七）百済使人の称号を改めて、西海使となし、小華（花）下阿曇連頬足らが、百済からの貢納動物駱駝、驢《うさぎうま》を持参する。頬足は天智天皇九年（六七〇）九月にも新羅に派遣されている。小華下は大化四年（六四八）二月の冠位十九階の第十位に当り、『日本書紀』にはこの一例のみである。

天武天皇十三年（六四八）十二月己卯（三日）には、阿曇連は津守連県犬養連ら五十氏と宿禰の姓《かばね》を賜っている。朝廷の供御と関わる膳氏は、『日本書紀』景行天皇五十三年冬十月に、上総国の淡水門で鳥の形をした白い蛤を捕え、珍しいので天皇に献上したところ、天皇はこれを賞して、膳臣の遠祖の名がある磐鹿六鴈《かり》の功として、膳大伴部を賜ったと伝える。『新撰姓氏録』左京皇別上をみると、理解し易く、「高橋朝臣、景行天皇巡二狩東国一、供二献大蛤一、于レ時天皇喜二其奇美一、賜二姓膳臣一、天渟中原瀛眞人《あめのぬなはらおきのまひと》天皇十三年改二膳臣一賜二高橋朝臣一」とあって、膳氏が高橋氏と改めた経緯がよくわかる。八色の改姓の時には（十一月戊申朔）、膳臣とあり、「高橋氏文」も奈良時代になってからの作であろう。

天武天皇十三年十月己卯朔に「八色之姓」が公布され、「一曰㆓眞人㆒、二曰㆓朝臣㆒、三曰㆓宿禰㆒、四曰㆓忌寸㆒、五曰㆓道師㆒、六曰㆑臣、七曰㆑連、八曰㆓稲置㆒」と改めた。阿曇氏より一階上位にあり、有名な桓武天皇延暦十一年（七九二）、前年十一月の新嘗祭に際して、安曇宿禰継成は高橋氏と供奉神事で行立の前後を争い、結果は継成は佐渡へ流罪となったが、すでに安曇氏の衰亡は、右の行為時点で明白であった。

また、神社と対外関係が介在する職掌では、阿曇氏と津守氏は宿禰の姓をもって同等なのである。なお書紀編纂に際して、天武天皇十年に帝紀と上古の諸事（神話と古代伝承）、持統天皇五年の十八氏の事蹟の双方に協力した阿曇・上毛野・平群の三氏の場合は、阿曇氏のみが宿禰に止まり、上毛野君と平群臣とは、ともに朝臣を賜っている。

後の史料であるが、右の三氏を平安時代の嵯峨天皇弘仁五年（八一四）六月に完成した『新撰姓氏録』で比較してみると、阿曇宿禰は右京神別下の地祇、上毛野朝臣は左京皇別下、平群朝臣は右京皇別上、に掲載されており、斯様に『日本書紀』編纂を阿曇氏史料の上から追ってみたが、津守氏・忌部氏といった中枢部の氏族の「氏文」をも採用されておらず、故意に除いたと考えられている。その史料の選択は書紀編纂者による一存か、政治的な圧力が加わっているか、現在では決め難いが、阿曇氏に関しては提出した記録に準じて記述されているようにみえる。また、書紀編纂時に当って、阿曇氏はどの程度、他者の史料を取捨選択して提出したか、全く明らかでないし、『日本書紀』には編纂の経緯についての上表もない。津守氏が摂津の住吉大社に祀るツツノヲノ命は、阿曇氏が祀るワタツミ三神とは筑紫の檍原で同時に誕生したが、津守氏は阿曇氏を現地に置いて摂津に移り、大和朝廷に仕えて天平三年（七三一）に『住吉大社神代記』を著わしたが、阿曇氏は『日本書紀』編纂時に提出した系図書などさえ今日に伝えていない。しかし何れ系図は発見されるものと期待している。

## 二　『日本書紀』にみえる海宰以後の阿曇氏の活躍

前章で述べたように阿曇氏が海人の宰として、姓は連を賜り、活躍していたのは、『日本書紀』をみると、履中天皇の時代までのようである。その後は、⑴僧侶として、⑵外交官として海外に派遣され、⑶武官としては将軍・大将軍に任ぜられる者まで輩出、⑷天武天皇十年三月には天皇の帝紀及び上古の諸事編纂に従事し、⑸同十三年十二月には宿禰の姓を賜り、持統天皇五年八月には阿曇氏が所有する古記録などを朝廷に提出、歴史の編修にも供している。以上は『日本書紀』の記事に依った項目であって、律令制度下における阿曇氏の動静は改めて別記する。

⑴　推古天皇三十二年（六二四）夏四月壬戌（十五日）に、阿曇連（名を闕く）某を寺院の法頭に任じている。阿曇は海洋民族の一員として中国に渡り、隋・唐の寺院で仏教を学んだ者が帰国して、寺院に居を留めていたのであろう。法頭が寺院の管理機関と推定されるのは、この月の当日に、僧観勒《かんろく》を僧正とし、鞍部《くらつくり》徳積《とくしゃく》を僧都としているからである。しかし、大化元年（六四五）八月癸卯（八日）に、来目臣《くるめ》（名を闕く）・三輪色大君《しこふのみき》・額田部連甥の三名を選出して法頭に任命している。この事実は僧尼の数が増加したこと、寺院の数も増したことによって、業務（法頭機関）が拡大したことを表している記述であろう。

白雉四年（六五三）五月、孝徳天皇は旻法師の病気見舞いに行幸している。その場所は「或本」が阿曇寺と注記している。『摂津志四、西成郡』古蹟に「安曇廃寺　大坂安堂寺町　地蔵石像存」とあり、谷川士清『日本書紀通証』にも、この記述がある。今日、大阪市中央区安曇寺町と伝える。また、入唐僧恵運《えうん》が開基し、創建した安祥寺（京都市東山区山科）は、嘉祥元年（八四八）、仁明天皇の女御藤原順子の発願による古義真宗であるが、恵運は山城の人で、安曇氏の出身である。安祥寺の創建に際して恵運は摂州の安曇寺の梵鐘を入手して伝えたという（吉田東伍『増補大日本地名大辞典』上方　第二巻）。いうまでもなく、安曇寺は阿曇寺の誤りで、恵運が阿曇寺から梵鐘を入手したということは、恵運は阿曇が元の氏名であることを承知していたことになる。『新撰姓氏録』によると、安曇氏の出自は安曇連が河内国神別、阿曇宿禰が右京神別で、恵運は山城国の出自（延暦十七年〈七九八〉の誕生）であるが、『新撰姓氏録』序を見ると、末尾に「唯、京畿未進幷諸国且進等類《るい》」とあり、提出期限の平安初期である弘仁年間までに、山城国の安曇氏は提出が間に合わなかったのであろう。しかし左の(2)の史料によって恵運の姓は「連《むらじ》」であろう。

ところで、『続日本紀』天平十六年（七四四）二月丙辰（二十二日）の条に、「（聖武天皇）安曇の江に幸す。松林を遊覧す。百済王等が百済楽を奏す」（原漢文）とあって、問題は右の史料の「安曇江」が、さきの僧旻法師の死去した阿曇寺の地であろうかということである。また学問僧新漢人日文《にちもん》（推古天皇十六年九月条）と僧旻とが同一人物であれば、百済との関係はなく、安曇江は風光明媚の地に、百済王を伴って遊覧したということに止まる。

(2)　皇極天皇元年（六四二）正月乙酉（十九日）に、百済への使人・大仁阿曇連比羅夫がみえ、彼は冠位十二階の第三位の高官である。翌二月戊子（二日）には、彼は阿曇山背連比羅夫と、地名の山背を加えている。比羅夫には山背国の出自であることを知らせる事情があったのであろうか。山背国を山城国に改称したのは延暦十三年（七九四）十一月丙子（七日）で、同時に新京を平安京と命名した。『新撰姓氏録』には、阿曇氏の一部は阿曇犬養連とあって、摂津国神別地祇にあり、安曇連は河内国神別地祇にある。ついで、斉明天皇三年（六五七）、同四年には西海使小花下阿曇連頬垂《つらたり》の報告がある。前者（三年）は百済から還って「駱駝一箇、驢二箇」を献上、後者（四年）は百済が新羅を伐った報告である。後者の記事は『三国史記』百済本紀、義慈王十五年（六五五）にみえるが、年代は一致していない。

(3) 阿曇連比羅夫は武官としても、天智天皇称制前紀、辛酉年（六六一）八月に、前将軍に任じられ、後将軍阿倍引田比羅夫臣らと協力して百済を救援し、併せて援兵の武器と食糧などを輸送したという。なお天智天皇元年（六六二）五月には、大将軍大錦中となった比羅夫は船師百七十艘を率いて、人質《ひとじち》の百済の義慈王の王子豊璋などを百済に送り届けるなどの記事があるが、『旧唐書』百済伝から推すと、この記事は前年の可能性がある。なお、比羅夫の大錦中の冠位はすでに指摘のとおり追記であろう。

ついで(4)、(5)の項目は、別記したので省略する。なお、畿内における阿曇連の本拠地については、佐伯有清氏は摂津国西成郡安曇江（大阪市中央区安堂寺町）を指摘しているが（『新撰姓氏録の研究』考証篇第五）、筆者は未だに調査に及んでいない。地域研究の諸氏に協力を願う次第である。

# 三　志賀海神社の分布と六国史中の阿曇・安曇姓《かばね》の史料

『古事記』上巻に、綿津見神と筒之男命の生成について、「この底津綿津見神、中津綿津見神、上津綿津見神の三柱は、阿曇連等の祖神と以《も》ち伊都久神なり。阿曇連等は綿津見神の子、宇都志日金拆命《うつしひがなさくのみこと》の子孫なり」とある。また「底筒之男命、中筒之男命、上筒之男命の三柱は、墨江《すみのえ》の三前《みまへ》の大神なり」とある。

『日本書紀』神代上には、三筒男命は住吉大神と記されているが、三少童命（綿津見神）は阿曇連等が祭る神とあって、祭神を祭る地名が『古事記』と同様に記されていない。記紀の編纂の時点で、阿曇氏が衰亡に向かっていたものと考えられる。その上、物部氏の手による『先代旧事本紀』は平安初期に撰修されたというが、その巻三「天神本紀」に、「天造日女命《あめつくりひめ》、阿曇連等祖」と記されるまでに伝承が希薄になった。しかも巻一「陰陽本紀」に「此三神（綿津見神）者、阿曇連等斎祠筑紫斯香神」とあって、三神は筑紫の斯香《しか》神と断定している。今日の志賀海神社の「志賀」は、かって磯鹿、資珂、志加、壮鹿、四可、之賀、然などと表現されてきたが、平安時代になって「斯香」が加わったことになる。海神社とは海氏の神社ということで、旧官幣中社の神戸市垂水区在の海神社（播磨国明石郡）と同様である。海神社は北海道函館市、島根県隠岐郡、千葉県長生郡、佐賀県東松浦市、大分県豊後高田市、福岡県行橋市など広く分布している。海神社の文字の上に志賀という地名を載せているのは、阿曇族の守護神である志賀海神社が、全国の海氏の海神社を統括している、あるいは統括していたことを示すものであろう。

なお、志賀海神社の分社とみられる志賀神社は九州にのみ存在し、各社とも「ワタツミ」三神を祭る。

志賀海神社　長崎県西彼杵《にしそのぎ》郡西彼町
志賀神社　長崎県佐世保市
志賀神社　長崎県壱岐郡勝本町
志賀神社　佐賀県佐賀市
志賀神社　佐賀県伊万里市
志賀神社　福岡県糟屋郡粕屋町
志賀神社　福岡県糸島市美原町
志賀神社　大分県日田市

そして、三神を祭る「ワタツミ」神社は左の三社である。

津綿津見神社　福岡県糟屋郡新宮町
津綿津見神社　福岡県三池郡高田町
和田津美神社　高知県香美郡夜須町

以上は平成七年神社庁総合調査書によるものであって、その序文に遺漏も含まれていることを承知願いたいとある。なお、太宰府天満宮禰宜味酒《みさけ》安則氏からの報告によると、境内末社として、太宰府天満宮に長禄二年（一四五八）に志賀島から勧請されたワタツミ三神を祀る志賀社があり、現に社殿は国指定重要文化財に指定され、その創建は平安時代末期と考えられるという（「阿曇族と太宰府天満宮」より）。

その志賀神社、ワタツミ神と深く関わる阿曇氏の姓《かばね》は神代から連であった。漁撈を生業とする地方豪族であったとして、記紀は記述しているが、西暦前後においても玄界灘を渡り、三韓はもとより漢の植民地である楽浪郡、帯方郡と交流して、漁撈技術はもとより、白珠（真珠）の価値も学んだのであろう。『後漢書』倭伝に「白珠・青玉を出す」とある。記事としては『魏志』倭人伝の転写であろう。

六国史から姓を付けている阿曇氏・安曇氏を探ると、左のごとくである（神代は除く）。

［日本書紀］（国史大系）

1　応神天皇三年十一月、阿曇連祖大浜宿禰。
2　履中天皇即位前紀、仁徳天皇八十七年正月、阿曇連浜子　一云。阿曇連黒友。
3　履中天皇元年四月丁酉（十七日）、阿曇連浜子。
4　推古天皇三十二年四月壬戌（十七日）、阿曇連（闕名）、法頭。
5　推古天皇三十一年十月朔日、阿曇連（闕名）。
6　皇極天皇元年（六四二）正月乙酉（二十九日）、大仁安曇連比羅夫。
7　皇極天皇元年二月戊子（二日）、阿曇山背連比羅夫。
8　皇極天皇元年二月庚戌（二十四日）、安（阿カ）曇山背連家。
9　孝徳天皇大化二年（六四六）三月辛巳（十九日）、阿曇連（闕名）。
10　斉明天皇三年（六五七）、是歳、四海使小花下阿曇連頬垂。
11　天智天皇九年（六六九）九月辛未朔、阿曇連頬垂。
12　天武天皇元年（六七二）三月己酉（十八日）、内小七位阿曇連稲敷。
13　天武天皇十年（六八一）三月丙戌（十七日）、小錦下阿曇連稲敷。

14　天武天皇十三年（六八四）十二月己卯（二日）、阿曇連（賜レ姓曰二宿禰一）。
［続日本紀］（国史大系）
15　文武天皇慶雲元年（七〇四）正月癸巳（七日）、従六位下阿曇宿禰虫名。
16　元正天皇養老七年（七二三）正月丙子（十日）、正六位上阿曇宿禰坂持。
17　聖武天皇神亀四年（七二七）正月庚子（二十七日）、正六位上阿曇宿禰刀、授二従五位下一。
18　聖武天皇天平十八年（七四六）四月癸卯（二十二日）、正六位上阿曇宿禰大足、授二従五位下一。
19　孝謙天皇天平勝宝五年（七五三）四月癸巳（二十二日）、従五位下安曇宿禰大足、爲二安芸守一。
20　淳仁天皇天平宝字五年（七六一）正月戊子（二日）、正六位上安曇宿禰石成、授二従五位下一。
21　淳仁天皇天平宝字六年正月癸未（四日）、従六位上安曇宿禰夷女、授二従五位下一。
22　淳仁天皇天平宝字八年十月庚午（七日）、安曇宿禰三国正六位上。
23　称徳天皇神護景雲二年（七六八）六月辛丑（二十九日）、従五位下阿曇宿禰石成爲二若狭守一。
24　光仁天皇宝亀元年（七七〇）十一月丁丑（十九日）、授二典膳正六位上安曇宿禰諸継従五位下一。
25　光仁天皇宝亀三年正月甲申（三日）、授従五位下安曇宿禰石成授二従五位上一。
26　光仁天皇宝亀七年正月丙申（七日）、正六位上安曇宿禰清成授二従五位下一。
27　光仁天皇宝亀七年正月丙申（七日）、无位安曇宿禰刀自、授二従五位下一。
28　淳仁天皇宝亀七年三月癸巳（六日）、従五位下安曇宿禰浄成爲二内膳奉膳一。
29　光仁天皇天応元年（七八一）二月壬辰（三日）、授二従六位下安曇宿禰日女虫従五位下一。
30　桓武天皇天応元年（七八一）十一月庚午（十六日）、従五位下安曇宿禰刀自、正五位下。

31　桓武天皇延暦四年（七八五）正月癸卯（七日）、正六位上安曇宿禰廣吉授二従五位下一。

32　桓武天皇八年四月丙戌（十四日）、以二従五位下安曇宿禰廣吉一爲二和泉守一。

[日本後紀]（国史大系）

33　桓武天皇延暦十八年十二月辛卯（二十二日）、従五位下安曇宿禰大丘爲二□(虫損カ)大舎人一。

34　桓武天皇大同元年（八〇六）正月癸巳（二十八日）、従五位上安曇宿禰廣吉爲二安房守一。

35　嵯峨天皇弘仁元年（八一〇）十月己巳（二日）、従五位上安曇宿禰廣吉爲二伊予権介一。

[三代実録]（国史大系）

36　清和天皇貞観六年（八六四）八月八日壬戌、阿波国名方郡人、二品治部卿兼常陸太守賀陽親王家令、正六位上安曇部粟麻呂、改二部字一賜二宿禰一。粟麻呂自云、安曇百足宿禰之苗裔也。

37　清和天皇貞観十一年正月八日丙寅、二品行治部卿兼上野太守賀陽親王家令安曇宿禰粟常、外従五位下。

38　清和天皇貞観十一年十月廿六日庚戌、貞観八年隠岐国浪人安曇福雄密告、前守正六位上越智宿禰貞厚、与二新羅人一同謀二反逆一、遣レ使推レ之、福雄所レ告事是誣也、至レ是法官覆奏、福雄応二反坐斬一、但貞厚知三部内有二殺レ人者一不二挙訊一、仍応二官富一者、詔、斬罪宜下減二一等一処中之遠流上、自余論レ之如レ法。

39　陽成天皇元慶元年（八七七）正月三日乙亥、散位外従五位下安曇宿禰粟常。

# 四　阿曇犬養連について

## 1　阿曇連が犬養部と合併か

『新撰姓氏録』（以下、姓氏録）摂津国神別天孫のところに阿曇犬養連が載っており、その系譜は「海神大和多羅命三世孫、穂己都久命之後也」とある。佐伯有清氏によって大和多羅命は大和多罪命と正されている。しかし阿曇犬養連はその他の古典にもみえない。穂己都久命は穂高見命巳都久命ではあるまいか。しかし、阿曇連は姓氏録にはすでに氏名を止めず、一方の犬養連は元来、連の下位の伴造にあるはずで、姓氏録には犬養とあって、摂津国神別天神に属し「神魂命十世孫田根連之後也」とあり、神魂命の系譜に左京神別中天神に属する県犬養宿禰がおり、後に権勢を有する下記の県犬養宿禰三千代を輩出するのである。

なお同書の右京神別下に海犬養があって、「海神綿積命之後也」とある。犬養氏には、上述のごとく県犬養、若（稚）犬養連・宿禰など中央の上級伴造の活躍がみられるが、中でも左京皇別上の橘朝臣の条に、「敏達天皇皇子難波皇子男、贈従二位栗隈王男、治部卿従四位下美努王、美努王娶二従四位下県犬養宿禰東人女贈正一位県犬養橘宿禰三千代大夫人一、生二左大臣諸兄一」とあり、橘諸兄は父美努王と母県犬養三千代の子として誕生した。かって県犬養ばかりでなく、犬養を称する氏は繁栄に浴したのであろう。畿内に進出した阿曇氏族は、勢力を失い、犬養氏と提携せざるを得ない事情になったのであろう。佐伯氏は「阿曇犬養の氏名は阿（安）曇連氏の一族の者が犬養部の伴造氏族となったことにもとづく」（『新撰姓氏録の研究』考証篇第四）

と述べている。佐伯氏は阿曇氏と安曇氏を同一に扱っているが、阿曇氏の衰亡が犬養部との統合を促したとすると、姓氏録の阿曇犬養連の一条は何を意味するのであろうか。おそらく、この系譜は新規に作成されたものであろう。犬養氏に家系がなく、阿曇連が中心となって犬養氏と一家を創設したものと推測される。阿曇氏に対して、安曇氏は各地で活躍していた。阿曇氏の古代からの分布は、今日の統計によると殆どなく、安曇氏の分布は正確ではないが、県別でみると北海道・宮城県に多く、埼玉県・千葉県・神奈川県などに散在し、滋賀県・兵庫県・鳥取県と続く。

『日本書紀』仁徳天皇四十三年九月庚子朔の条に、依網屯倉《よさみのみやけ》の阿弭古《あびこ》が献じた鷹を百済の王族酒君《さけのきみ》に預けて放鷹用に飼育させ、百舌鳥野《もずの》（現・大阪府堺市北区）でその鷹を放って多くの雉を捕らえたと伝える。しかも早速、この月に鷹甘部《たかかひべ》を定め、鷹飼育のために鷹甘邑《たかかひのむら》を設けたという。

また安閑天皇二年（五三五）五月甲寅（九日）の条をみると、諸国に屯倉を置き（筑紫国・豊国・火国・播磨国・備後国・婀娜国《あな》・阿波国・紀国・丹波国・近江国・尾張国・上毛野国・駿河国）、次いで同年八月乙亥朔に詔して、国々に犬養部を置くとあるので、犬養部は史料の上では、宮城の諸門の警護に先駆けて、屯倉などの施設の番犬ということで設けられたことになろう。

天武天皇朱鳥元年（六八六）四月戊子（十九日）に、新羅から鷹犬と思われる犬二狗・細馬一匹・騾一頭などが貢上されている。

『令義解』巻一、職員令に主鷹司の職掌を、「正一人、鷹犬を調習する事を掌る……」（原漢文）とみえ、犬養とはなく鷹犬とある。また『続日本紀』養老五年（七二一）七月庚午（二十五日）にも、「放鷹司の鷹狗」とあり、同書天平宝字八年（七六四）十月乙丑（二日）には、「放鷹司を廃し、放生司を置く」（原漢文）と、放鷹を一時廃したが、『日本紀略』延暦十三年（七九四）正月癸未（九日）の条には、「雉有り、主鷹司が垣上に集《つど》う」（原漢文）と記し、この年に放鷹を復活している。『類聚三代格』承和元年（八三四）十二月廿二日の太政官符の内に「犬飼餌取」とあるのは、鷹餌のことであろうか。

鷹甘部は上掲の如く、仁徳天皇四十三年九月の設置であるが、犬甘部《いぬかひべ》は大宝二年（七〇二）十一月、御野国（美濃）味蜂間郡春部里戸籍の中に、「寄人犬甘部鳥賣年六十六次女」「三山妻犬甘部善賣年四十二正女」などがみえる（『寧楽遺文』上巻、正倉院文書『大日本古文書』第一巻所収）。

『三代実録』元慶七年（八八三）七月己巳（五日）の勅に、弘仁十一年（八二〇）以来、主鷹司鷹飼三十人、犬三十牙の食料の中を割いて蔵人所に移管させることになり、その後の貞観二年（八六〇）以後は、放鷹に関する官人を廃し、今は鷹飼十人と犬十牙料が宛われ、蔵人所で管理しているとある。

斯様にしてみると、犬養連は橘諸兄（母は従四位下県犬養連東人の孫〈天平十年『公卿補任』〉）との関係が見当たらず、犬養連の中央政界への進出は史料の上からでは探ることができなかった。『新撰姓氏録』逸文に、

姓氏録曰、弓束之後、正四位上犬養。天渟中原瀛眞人天皇諡天武。十四年日本書紀曰白鳳十三年。挙レ族改レ連、賜二伊美吉姓一。

高野天皇天平宝字二年（七五八）、又改賜二忌寸姓一。

とあり、犬養氏が連姓から伊美吉姓を授かったのは天武天皇十四年で、孝謙天皇天平宝字二年に改めて忌寸姓を賜うという。この犬養連は『日本書紀』天武天皇九年七月戊寅（五日）の記事「天皇、犬養連大伴が家に幸す」（原漢文）とあるが、同元年七月甲申の条に、県犬養連大伴とある。

また『続日本紀』を探っても、犬養連・県犬養連が忌寸姓を授かった記録がないので、右の逸文には問題があろう。加えて、天武天皇十四年六月甲午（二十日）に、連から忌寸を賜った氏は、大倭連・葛城連・

凡川内連《おほしかわうち》・山背連・難波連・紀酒人連・倭漢連・河内漢連・秦連・大隅直・書連《ふみの》、併せて十一氏で、「姓を賜ひて忌寸と曰う」（原漢文）とあって、犬養連の名はない。前年の十三年十二月己卯（二日）に、阿曇連・県犬養連・海犬養連・稚犬養連らは宿禰の姓を賜っている。かくて、阿曇犬養連についての検証は困難といわざるを得ない。

## 2　阿曇犬養連は新規の氏姓か

『日本書紀』巻廿九、天武天皇十三年（六八四）十二月己卯（二日）に、五十氏の連姓に対して宿禰姓を賜った氏名が具体的に記されている。その中で、犬養連の氏は県犬養連《あがたの》・稚犬養連《わかの》・海犬養連《あまの》がそれぞれ宿禰の称号を与えられている。以上の犬養宿禰を『新撰姓氏録』で調べると、県犬養宿禰は左京神別中天神に「神魂命《かみむすび》八世孫阿居太都命之後世」とあって、県犬養の氏名は、佐伯有清氏が「県を守衛する犬養部の伴造氏族であったことにもとづく(1)」と説明しているごとく、犬を率いて朝廷の諸門の守衛・屯倉の守護などを担当、中央にあっては以上の三氏が上層部にあった。県犬養宿禰の祖の神魂命は『古事記』での「神産巣日神」で、『出雲国風土記』では「神魂命」に統一している。また姓氏録も同様で、「むすびの命」は「魂命」としている。「阿居太都命」の神名は神社本庁の調査にもなく、単一神であろうか。

稚犬養宿禰は河内国神別に若犬養宿禰とあって「同神（火明命）十六世孫尻綱根命之後也」とあり、また和泉国神別には若犬養宿禰「火明命十五世孫古利命之後也」とある。尻綱根命・古利命は『旧事記』天孫本紀にみえ、すでに佐伯氏によって考証されている(2)。

海犬養宿禰は右京神別下に「海犬養」とあって姓を付けていない。「海神綿積命之後也」と記す。佐伯氏は海犬養氏についても、左のごとく詳細に研究を尽くしている。

海犬養の氏名は、『続日本紀』大宝二年六月甲子条に「震《しん》二海犬養門一」（落雷カ）とみえ、『撰集秘記』所引の『弘仁式』陰陽寮、土牛条逸文に「海犬養猪使《いつかい》二門」とあるように、宮城十二門の門号になっている。この事実は、海犬養氏が宮城門を守衛する門部の負名氏であったことを物語っている。(3)「海犬養」の宿禰は脱落であろう。『弘仁式』には宮城十二門のうち、関係の県犬養門・若犬養門・海犬養門の三門が知られている。猪使門は猪使宿禰が担当である。右の三氏と同様に天武天皇十三年十二月に連姓から賜姓宿禰となった。

ところで、問題は標題の阿曇犬養連である。前述のようにこの氏名は六国史に現れず、したがって、天武天皇十三年十二月の賜姓（宿禰）とは関係もなく、『新撰姓氏録』摂津国神別に所載されているに過ぎない。その系譜について「海神大和多羅命三世孫穂己都久命之後也」とある。佐伯氏によって「大和多羅命」は「大和多罪命」と校訂されている。なお「穂己都久命」は、穂高見命已都久命ではあるまいか。

阿曇氏と犬養氏との関係について、黛弘道氏は、阿曇犬養連は阿曇氏の一部を割いて、犬養氏を設けたことにより生まれた伴造氏族であろうという（「犬養氏および犬養部の研究」『学習院史学』第二号）。一方、佐伯氏は同条の阿曇犬養連について左のごとく述べている（『新撰姓氏録の研究』考証篇第四）。

阿曇犬養連の氏名は、阿（安）曇連氏の一族の者が犬養部の伴造氏族となったことにもとづく。阿曇犬養連氏の一族の人名は、他の史料にみえない。『播磨国風土記』揖保郡浦上里条に「所三以号二浦上一者、昔、阿曇連百足等、先居二難波浦上一。後遷二来於此浦上一。故因二本居一為レ名」とある。難波浦上の人。

阿曇連百足は本条の阿曇犬養連氏の同族であろう。なお阿曇連百足については……難波長柄豊前（孝徳）天皇の時代の人であったことが知られる。摂津国西成郡安曇江（大阪市南区安堂寺町）という（一七四頁）。他の史料にみえない「阿曇犬養連」が事実を伝えているものとすれば、阿曇氏を冠しているので、『続日本紀』にしたがえば、天平十八年四月以前の記事である。田中卓『住吉大社神代記の研究』によると、「阿曇」より「安曇」への変更は、天平五年二月十日より天平十年迄の間と考へられよう」（三四九頁）と研究の成果を述べている。また佐伯氏は「阿（安）曇氏の一族の者が犬養部の伴造氏族となった」と解しているが、阿曇氏の一族の者とは、阿曇氏の氏名を有する者すべてを指すのか、一部の者を指すのか、理解に苦しむ。

指摘の阿曇連百足は『播磨国風土記』の外に、『肥前国風土記』の値嘉嶋《ちかのしま》（現・長崎県五島市）の条で、百足が景行天皇の陪従《みとも》として小近・大近の二島と、その外の島々を探索して、土蜘蛛《つちくも》大耳《おほみみ》・垂耳《たりみみ》の存在を天皇に報告している。なお風土記の撰述の際の記載と思われるが、「この島（値嘉嶋）の白水郎は、容貌、隼人《はやと》に似て、恒《つね》に騎射を好み、その言語俗人に異なり」（岩波文庫『風土記』）とあって、阿曇氏と白水郎とを結び付けたのであろう。

さらに阿曇連百足に絞って六国史から史料を探ると（百足は安曇氏に変更）、『三代実録』清和天皇の条に次のようにみえる。

貞観六年（八六四）八月壬戌「阿波国名方郡人、……賀陽王家令、正六位上安曇部粟麻呂、改二部字一賜二宿禰一。粟麻呂自言、安曇百足宿禰之苗裔也。」

貞観十一年（八六九）正月丙寅「……賀陽親王家令安曇宿禰粟常、外従五位下。」

安曇氏が賀陽親王の家令（家令職員令）に撰ばれた理由は、安曇氏がかって宮内省所属の内膳司の一員であって、調理の責任者であったからであろう。家令は官位を有するものの、一般の官吏より低くみられていたが、安曇部から浮上して連姓を経ずして宿禰姓に至っている。阿曇連に対して阿曇部の存在を否定することはできなかったが、実は阿曇部は存在していた。一方で、阿曇宿禰の衰亡が現実的なものであったことを知ることができる。阿曇氏は奈良時代の天平年間から、他の氏族の協力を得ることが必要となったが、その事情は今もって不可解である。また協力を得た県犬養氏は、平城京の年代を通じて、県犬養橘宿禰三千代の権勢によって一世を風靡したことは人の知るところである。ところが、平安時代の清和天皇の時代になると、貞観五年（八六三）二月十日癸卯に駿河守に着任した県犬養大宿禰貞守は『続日本後紀』の編纂の途中のことであったが、位階は散位頭従五位下であった。また命婦県犬養宿禰阿野子は、先の史料でみたように安曇宿禰粟常が従五位下官位を賜った同年月日の貞観十一年正月八日丙寅に、同じく従五位下を賜っている（『三代実録』）。此の事実は、安曇氏と県犬養氏とが深い関係にあることを物語っているのであろうか。それはともかくとして、犬養と県犬養宿禰とは同属とみられる。『続日本後紀』巻十三、仁明天皇承和十年（八四三）三月丁酉（八日）の条に「上野国新田郡人、勲七等犬養子羊、弟真虎等、二人賜二丈部《はせつかべ》姓臣一」とあって、犬養から丈部臣に氏姓を変更している。犬養氏の衰退を如実に明かした史料といえよう。

ついで、佐伯氏は阿曇氏の本拠地は摂津国西成郡安曇江（現・大阪市南区安堂寺町）という（『新撰姓氏録の研究』考証篇第四、阿曇犬養連条）。この文章が短いので判断に迷うが、『日本書紀』孝徳天皇白雉四年（六五三）夏五月の「是の月……或本、於二五年七月一云、僧旻法師臥二病於阿曇寺一」とあり、翌六月に旻法師は他界する。法師を弔うために多くの仏像を造り、飛鳥の川原寺《かわらでら》（または山田寺ともいう）に安置したと伝える。その主祭者は次の斉明天皇ではあるまいか。斉明天皇は孝徳天皇の難波の長柄豊碕から元年に飛鳥の板蓋宮《いたぶきのみや》に遷り、そこで即位している。旻法師が阿曇寺を撰んだとすれば、推古天皇三十一年夏四月に、阿曇連（名を闕く）が初代の法頭に着任したことによる。摂津国西成郡に安曇江《あんどえ》荘があって、さらに江戸幕府の官撰地誌『摂津志』西成郡の古蹟に「安曇寺、大坂安堂寺町、地蔵石像尚存」とあり、寛政十年（一七九八）刊『摂津国名所図会』大坂（西成郡）油懸地蔵条には「摂津志曰、日本紀に見へたる安曇寺の石像也、背面に天平十一年安曇寺の銘ありとなむ、今壊滅《かいめつ》して見へず、今の安堂寺町も、安曇寺の訛なり」とある。摂津の安曇寺の存在を伝える史料としては、吉田東伍『増補大日本地名辞書』上方（巻三）、山城（京都）宇治郡安祥寺の条に、「梵鐘は摂州安曇寺の旧物を伝ふ」とある。吉田氏の調査によるものと思われる。安祥寺は京都市東山区山科にあって、現在は古義真言宗別格本山。嘉祥元年（八四八）に仁明天皇命婦藤原順子の発願により、入唐僧・恵運が創建。恵運（七九八～八六九）は安曇氏出身で平安時代前期の真言宗の僧、山城国の人であり、入唐八家の一人。天長十年（八三三）に筑前観世音寺講師、筑前国講師となったが、筑前には特に名を止めていない。連姓を有する阿曇氏は筑前を離れ、畿内に居を構えた結果であろうか。果たして、筑前を離れた阿曇氏はどこに移転したのであろうか。畿内に拠った阿曇氏は『新撰姓氏録』によれば摂津国（阿曇犬養連）、『播磨国風土記』には摂津国難波浦上（阿曇連百足等）から播磨国揖保《いぼ》郡石海《いはみ》里・浦上里に移住、『日本書紀』では皇極天皇元年（六四二）戊子（二日）に阿曇山背連比羅夫がみえ、比羅夫は山城国（延暦十八年〈七九四〉山背を山城に改名）出身と思われる。

　阿曇氏の氏名を変更した安曇氏は『新撰姓氏録』によれば右京（安曇宿禰）・河内国（安曇連）にみえる。また天平宝字八年（七六四）十月銘の調布（正倉院蔵）には、信濃国安曇郡の安曇部真羊の氏名と、同国の郡司主帳従七位上安曇部百嶋がみえ、同国安曇郡の初見年代を伝える貴重な資料となっている。

また、『入唐五家伝』には山城国出自の真言僧恵（慧）運が、永久五年（一一一七）六月十二日の解には同じく山城国玉井荘の庄司に安曇弘成がみえる（『平安遺文』古文書編、第五巻）。

さらに鎌倉時代まで追ってみると（『鎌倉遺文』古文書編、第十一巻）、二通ある。一通は、建長六年（一二五四）十二月廿九日付の「安曇宗利田地売巻」（山城、大徳寺文書）の「左摂津国武庫《むこ》西条伍条拾五里坪内、合壱段」とある文書には「安曇宗利先祖相伝私領田地」とみえ、他の一通も同様の文書で、同七年十月六日付の「安曇若法師田地売巻」（同文書）の「在摂津国武庫西条五条拾五里参坪内、合佰捌拾分」とある文書には「安曇若法師相伝私領田地」とある。

この二通の文書によって、筑紫の阿曇の多くは、この摂津国武庫郡の地に早くから定着して、安曇氏を名乗るようになったのであろうと思われる。この武庫の地（兵庫県南部）は瀬戸内海にあって、那津《なのつ》・豊浦《とゆら》・沙麽《さば》・難波津《なにはつ》などと共に、古代からの重要な船津であった。畿内に移住した阿曇・安曇氏の研究をする際には、この武庫の地から調査されるのが良策と考える。

また、安曇氏の定着地は数多いと推測できるが、古代からの安曇氏の定着地を探る場合は、源順撰『和名類聚抄』国郡部第十一によるのが現在のところ最適といえよう。左に列挙する。

信濃国安曇郡、近江国伊香郡安曇郷、伯耆国会見郡安曇郷、筑前国糟屋郡安曇郷

なお、「安曇氏分布と海部《あまべ》分布」については、大田亮『日本古代史新研究』（東京磯部甲陽堂蔵版、昭和三年五月刊）がある。この問題に関連して、⑴海部は安曇氏の配下にあるという右書の著者である大田亮氏の見解（第六編第二章　海部と大海祇）、⑵『古事記』中巻、応神天皇の条に「此の御世に、海部、山部、山守部、伊勢部を定め賜ふ」とある記事は、『日本書紀』応神天皇五年秋八月壬寅（十三日）の条では「諸国に令して、

海人および山守部を定」(原漢文)とある。問題になるのは海部と海人とが同一と解すれば、海氏の存在は如何という問題である。竹内理三他『日本古代人名辞典』第一巻(吉川弘文館刊)に海氏が十四名に及んで解説されている(自古代至天応元年〈七八一〉)。海氏の姓は連・首・直とあり、海氏の初見は天平三年(七三一)の海直大食で、越前国坂井郡少領、同国正税帳には外正八位下勲十二等とある(『寧楽遺文』)。十四名のうち二名が海部を用いており、両氏の区別が判然としない面があり、貞観六年(八六四)四月廿二日戊寅には阿波国名方郡の従八位上の海直千常・同少初位下の豊宗の二名と、その外に同族七名が大和連を賜う(『三代実録』)ことで、勢力が衰えた海氏の集団から離別している。一方、海部氏の姓は首・直であり、海部の初見は神亀元年(七二四)十月壬寅(十六日)の海部直土形で、紀伊国名草郡少領、正八位下とみえる(『続日本紀』)。同族の海部常山は延暦四年(七八五)正月癸亥(二十七日)に豊後国海部郡大領外正六位上に叙位され、かつ常山は姓公を授けられている(同紀)。しかし、海部氏は海氏のように氏名を変えることなく、その家系で有名な「丹後国与謝郡籠神社海部系図」は国宝であり、所蔵の海部宮司は海部氏の存在を誇りとしている。

(3)　阿曇氏・安曇氏に対する阿曇部氏・安曇部氏の問題がある。阿曇部については『大日本古文書』巻一所載の、奈良時代の大宝の頃の戸籍に三名みえる。阿曇部阿理売(戸主の妻)、阿曇部馬身売(戸主の妻)、阿曇部法提売(戸主の妾)である。位階を有する官人の史料は発見されていない。一応、以上の三名を阿曇部の初見とする。安曇部については、先の天平宝字八年十月銘の調布に、信濃国安曇郡の安曇部真羊と、同国の国司史生従七位上安曇部百嶋を初見とする。その後も阿曇部の史料は入手できないが、安曇部については、時代が下るが、貞観六年(八六四)八月八日壬戌の条に、「阿波国名方郡人、二品治部卿兼常陸太守賀陽

王家令、正六位上安曇部粟麻呂、改二部字一賜二宿禰一。粟麻呂自言、安曇百足宿禰之苗裔也」とある（『三代実録』）。

かくて、(2)の海氏と海部氏、また(3)の安曇宿禰・連氏と安曇部氏などの関係は、上・下としては認めがたく、あえて改姓の理由を挙げれば、安曇部氏が「部」字を嫌ったということであろう。

さて、犬養氏も阿曇氏・安曇氏と同様に犬養宿禰（奈良時代、調絁に播磨国河内介従五位上犬養宿禰古万呂、正倉院蔵）、犬養連（『日本書紀』天武天皇元年〈六七二〉七月壬子〈二十三日〉、犬養連五十君）の姓が存在していた。上掲は史料の上では初見といえる。犬養部については『日本書紀』安閑天皇二年（五三五）五月甲寅（九日）の条に、諸国（筑紫国・豊国・火国・播磨国・備後国・婀娜国・阿波国・紀国・丹波国・近江国・尾張国・上毛野国・駿河国）に屯倉を置き、次いで同年八月秋乙亥朔（一日）に「詔して国々に犬養部を置く」（原漢文）とあるので、犬養部は屯倉などの施設に番犬を置くという意味で、諸国に配置されたと考えられる。

ところで、主鷹司令によれば、放鷹の鷹犬調習は犬養氏とは関係がなく、貞観元年（八五九）八月十三日の太政官符によって、御鷹停止となる。鷹飼十人と犬十牙料を残したが、間もなく廃絶となる。犬の行方は不明である。

筆を擱くに当たって、本題の「阿曇犬養連について」、阿曇連が犬養部と提携して一族を新規に誕生させたということであれば納得できるが、この阿曇氏は早くに解体しており、また阿曇犬養連を史料的に追うことが困難であるので、今後の問題として研究が望まれる。

## 註

（1）佐伯有清『新撰姓氏録の研究』考証篇第三、一二八〜一三二頁。
（2）註（1）第四、二五八〜二六〇頁。
（3）註（1）第二、三七七〜三七八頁。

## 五　安曇氏の職掌について

阿曇氏の職掌は、かって海人の統率者（宰）に位置づけられていたが、安曇氏となってからは、宮内省内膳司となって、高橋・安曇の両氏が奉膳職を掌ることになった。神護景雲二年（七六八）二月癸巳（十八日）に、「是の日、勅すらく、令に准じ高橋・安曇二氏を以て内膳司に任ずる者をば奉膳と為し、其の他の氏を以て之を任ずる者は、宜しく名を正《かみ》と為せ」（『続日本紀』巻二十九、称徳天皇）とあって、必ずしも奉膳となるのは高橋・安曇に限らなくなった。(1)

内膳司とは天皇をはじめ皇族の食事の供御《くご》の調理、供進を掌る役であり、さらには朝廷の神事をも掌る。新嘗祭・神嘗祭がその任である。阿曇氏は漁撈民として、農耕民に先駆けて、いわゆる大王時代から朝廷に海産物を調達し、奉納していた。ところが、安曇氏は阿曇氏から如何なる事情か分からないが、「阿」字を「安」字に替えて独立、畿内に進出して安曇氏が誕生した。

その指摘は栗田寛氏ならびに田中卓氏の両氏によるが、(2)その阿曇から安曇への接点の人物が阿曇宿禰大足である。『続日本紀』天平十八年（七四六）夏四月癸卯（二十二日）に、大足は正六位上阿曇宿禰に叙位され、その後の天平勝宝五年（七五三）夏四月癸巳（二十二日）には、安曇氏に氏名を替えて「従五位下安曇宿禰大足を安芸守と為す」（原漢文）とある。大足は上国である安芸守（国司）となって従五位下に任ぜられている。その国司としての後継者は安曇宿禰広吉で、延暦八年（七八九）夏四月丙戌（十四日）に「従五位下和泉守」

に任命されている。下国（和泉国）とはいえ、畿内の国司である。国司の任官と安曇氏への改称とは、何らかの関係があるのかと疑いたくもなる。安曇氏への改称は私的なものではなく、といって全国一律に及んだわけではないが、安曇の氏名と引き換えに、阿曇の氏名は急速に衰退した。

しかし、安曇氏も内膳奉膳のことで高橋氏と争い、「高橋氏文」によれば、「宝亀六年（七七五）六月の神今食《じんこんじき》の日に、安曇宿禰広吉は強いて前に進み立ち、高橋波麻呂と相争い、結局は広吉が挽《ひ》き却《しりぞ》く」(3)（原漢文）ということで広吉が譲ったが、桓武天皇の延暦十一年（七九二）に至って、その三月壬申（十八日）に「内膳奉膳、正六位上安曇宿禰継成が佐渡国に流罪、初めより安曇と高橋の二氏は常に神事の供奉の（神饌《しんせん》）行立《ぎょうりゅう》の前後（先頭）のことにて争ひしが、是れ以て去年十一月の新嘗祭の日のこと、勅ありて高橋氏を以て歩行の前に配せしが、継成は詔旨に遵はず、職に背ひて出去す。憲司（刑獄司）は之を誅することを請ふ。特に恩旨あり。以て死を減ず」(4)（原漢文）と。

かくて、安曇氏は内膳奉膳の職から離脱したが、国司の任官は従前の通りであった。大同元年（八〇六）正月癸巳（二十八日）に、従五位上安曇宿禰広吉は安房守に任命されている。官位からみれば、広吉は大国の国司になれるはずであるが、中国（安房国）の国司となっている。次いで、広吉は弘仁元年（八一〇）十月己酉（二日）に、伊予（上国）権介に任命されている（『日本後紀』）。

安曇氏が中央官僚から左遷されたのは当然であるが、内膳司からの処分は追放ではなかった。故実叢書『西宮記』巻六、新嘗会祭の条に、左のごとく安曇氏について記している（二行割で括弧内に記入）。

延長元年（九二三）十一（月）十五日（乙）卯、無㆓安曇氏㆒、以㆓高橋・伴《とも》二氏之中㆒、為㆓安曇氏㆒。

とみえるので、安曇氏が内膳司を去ってからは、伴氏(5)が代わって勤めていたことが分かる。さらに具体的に

『大日本史料』第一編之五には、醍醐天皇延長元年十一月十五日乙卯新嘗祭の条に、

［日本紀略］醍醐天皇延長元年十一月十五日乙卯、新嘗会、天皇不レ御二中院一

［西宮記］六、十一月前田家本　新嘗会　御記（裏書）　延長元年十一月十五日乙卯　於二神祇官一行二新嘗祭一事、内膳司申云、前例八男之中、必有二安曇・高橋・伴三氏供奉一、而安曇氏各遭二喪觸穢一不参、其由申日上、々々申云、須就二内侍一上奏、仰云、依レ無二一氏人一、不レ可レ闕二神事一、須以二高橋・伴氏二氏之中一人一、補二安曇代一令二供奉一、又掌侍《しょうじ》（内侍司）等皆有レ障不参、以二命婦一為二内侍代一令二供奉一レ之。

とある。右の「御記」によると、この時の安曇氏は内膳司から離れたわけではないが、新嘗祭などには、理屈を付けて参加を拒否することがおおかったのであろう。養老（職員）令によれば内膳司は奉膳（長官）二人（正六位上）、典膳六人（従七位下）、の計八人の男子がその任に当たったのであろうが、その一員であった安曇氏の身分については明記されていない。

ところが、延長五年十二月廿六日の奥書をもつ『延喜式』巻三十一、宮内省の職掌の一つである「大斎《おほいみ》」が掲げる内膳司には「高橋朝臣一人。執二鰒汁漬一　安曇宿禰一人。執二海藻汁漬一」とあって、伴氏の記載はなく、今後の問題としておく。正宗敦夫編集校訂『地下家伝（中）』二十、内膳司の項目に、「内膳進物所膳部　松下」に属するのであろうか、伴季行・伴秀静の二名が掲載されている。年代は江戸時代の寛政から天保にかけての任官歴である。

なお追記しておくが、藤原実資の日記（九七八〜一〇三二）『小右記』後一条天皇長元元年（一〇二九）八月十一日癸酉の条に、宣旨に違背したということであろうか、伊勢国司に、安曇為助など四人の逮捕、追捕を命じている記事がある。「権左中弁持来りし宣旨二通。一通は伊勢国司（姓欠）が申請の三ヵ条、一請は

被レ糺二誡兵乱騒動一事。仰云。内膳典膳安曇為助・同宗助・同時信・高橋春忠、至二為助一可二捕進一、其外、今三人可二追捕一」とある。内膳典膳に直接関係があるのか。

関連して右の『地下家伝』（三上景文撰・天保十五年〈一八四四〉脱稿、安政四年〈一八五七〉に及ぶ）に「内膳司　高橋称号浜嶋」とあって、内膳司の高橋氏は幕末まで及ぶが、安曇氏の記録は司書にはみえない。安曇氏の内膳司のその後の情況は公卿の日記で調査すべきであろうが、内膳司領は橋本義彦氏の詳細な研究がある。

## 註

（1）後藤四郎「内膳奉膳について―高橋・安曇氏の関係を中心に―」『書陵部紀要』第一一号、昭和三十四年十月刊。持統天皇元年から延暦十年までの奉膳・典膳・内膳正が第一表に掲載されている。

（2）栗田寛『新撰姓氏録考証』巻之十二。田中卓『住吉大社神代記の研究』田中卓著作集7、国書刊行会、昭和六十年十二月刊。第四章第二節「あらたな疑点と釈明」。

（3）高橋氏文「宝亀六年六月、神今食日、安曇宿禰広吉強進レ前、立レ前、与二高橋波麻呂一相争。挽二却広吉一。」

（4）『類聚国史』巻八十七、刑法一、配流「延暦十一年三月壬申、流二内膳奉膳正六位上安曇宿禰継成於佐渡国一、初安曇・高橋二氏常争下供二奉神事一行立前後上、是以去十一月新嘗之日、有レ勅以二高橋氏一為レ前、而継成不レ遵二詔旨一、背レ職出去、憲司請レ誅レ之、特有二恩旨一、以減レ死。」

（5）『日本紀略』淳和天皇弘仁十四年（八二三）四月壬子（二十八日）の条に「改二大伴宿禰一為二伴宿禰一、為二大伴宿禰触レ諱也」とあり、大伴氏は淳和天皇の即位同年四月辛亥（二十七日）に際して、天皇の諱「大伴」を避けて「伴」と改めた。

## 六　筑前国糟屋郡志阿（珂）郷の白水郎は阿曇連の部民

『萬葉集』巻十六に次のようにある。神亀年中（七二四〜七二八）のこと、大宰府筑前国宗像郡の百姓宗形部津麿が、対馬の糧《かて》を送るところ、老衰のため海路に堪えることができないので、滓（糟）屋郡志賀村の白水郎荒雄に糧の輸送を依頼する。荒雄は直ちに対馬に向かうが、暴風に遭遇し、海中に没して命を失う。その事情を聞いた荒雄の妻の心情を慮って、時の筑前国司山上憶良が志を述べて「志賀の白水郎の歌十首」を詠んだ。この憶良の左注は広く知られているが、対馬への糧の輸送量は『延喜式』主税上によれば、毎年穀二千石で、筑前・筑後・肥前・肥後・豊前・豊後がその任に当たっているが、開始年は明らかでない。ところで、志賀島の白水郎荒雄に糧の輸送を願った宗形の津麿は、宗像郡の百姓でかつ海人（白水郎）と推測されるが、宗形部を称している。

憶良の筑前国の国司在任は、『日本史総覧』第二巻、国司一覧によれば、神亀五年（七二八）七月二十一日見任、天平三年（七三一）六月十七日退任（『萬葉集』第五）とある。荒雄の不幸は憶良が国司就任以前のことであった。また宗形氏は『日本書紀』神代上には筑紫胸肩君とあり、『新撰姓氏録』によると、河内国神別地祇に属し、宗形君とあり、「大国主命六世孫吾田片隅命之後也」とある。なお天武天皇十三年（六八四）十一月戊申朔には胷君《むなかた》とあり、改姓によって朝臣の姓を授けられている。『続日本紀』においては元明天皇和銅二年（七〇九）五月丙申（五日）に、筑前国宗形郡の大領外従五位下宗形朝臣等抒《とど》に外従五位上を授けており、次いで翌六月乙巳（二十一日）には、筑前国御笠郡の大領正七位下宗形部堅牛《かたうし》に益城連の姓を授けている。この堅牛は「宗形部」初見の人物である。

そこでさらに、宗形部堅牛に続く『続日本紀』和銅四年（七一一）閏六月甲子（二十一日）には、宗形部加麻麻伎に穴太《あなほ》連の姓を授ける、とあり、天武天皇十三年の「八色之姓」によって姓による身分の上下関係が定まりはしたが、和銅年間における宗形朝臣と宗形部との記事を比較すると、その身分と職掌とが著しく縮小されて両者は近い。

次いで、阿曇部の場合をみてみよう。『日本書紀』神代上をみると、「ワタツミ」三神（底津少童命・中津少童命・表津少童命）は「是れ阿曇連等が祭る所の神なり」[註]（原漢文）とあって、『新撰姓氏録』では阿曇から安曇の氏名に移った時点で、宗形君と同じく河内国神別地祇に属し、「綿積神命児穂高見命之後也」とある。天武天皇の「八色之姓」によると、十三年十二月己卯（二日）に阿曇連は津守連ら五十氏と共に宿禰の姓を授かっている。しかし阿曇連の部曲《かきべ》の存在は不明である。阿曇部の初見は大宝二年（七〇二）と伝え、左の通り『豊後国戸籍』（正倉院文書・大日本古文書巻之一所収）の断簡にある。

戸主山部牛、年伍拾参歳　正丁　課戸
妻阿曇部馬身売、年肆拾伍歳　丁妻
川内漢部佐美、年肆拾参歳　兵士　寄口
妻阿曇部阿理売、年肆拾弐歳　丁妻
戸主川内漢部等与、年伍拾参歳　正丁　課戸
妾阿曇部法提売、年弐拾弐歳　丁妾

古代の戸籍は戸主・妻妾・氏・姓（カバネ）・名・年齢が書き留められているのが一般的で、奴婢は「カバネ」がなく、名と年齢のみが記載された。また白水郎（海人）は一般良民であったので、当然、姓（カバネ）があり、「部」名が総称であった。白水郎とて陸上にあっては農耕に従事していたことはいうまでもない。『豊後国風土記』海部《あま》郡について、「此の郡の百姓は、並《みな》、海辺の白水郎なり。因りて海部郡といふ」（原漢文）と説いているのは当然のことである。元来、部民は朝廷または中央の豪族の私有民的な存在であったが、経済的にも成長した部民は中央の政・官界に進出し、官位勲等を得るまでに成功した。今回は『続日本紀』（文武天皇〜桓武天皇延暦十年）の間に限って完全ではないが、上の表に人名・官位記載年月日・理由・出典を参考までに列挙してみた。

なお、「部」が姓（カバネ）として呼称される史料として、『続日本紀』称徳天皇宝亀元年（七七〇）七月己丑（二十九日）の条に、「今良《こむりょう》」すなわち官戸・官奴婢から解放された者は、戸籍に登録

| 人名 | 官位記載年月日 | 理由 | 出典 |
|---|---|---|---|
| 漆部君足 | 天平元年二月壬午 | 長屋王の謀叛を密告した功 | 『続日本紀』巻十 |
| 漆部駒長 | 天平元年二月壬午 | 長屋王の謀叛を密告した功 | 『続日本紀』巻十 |
| 阿曇三雄 | 天平五年 | 海部郡司少領 | 『隠伎国正税帳』 |
| 大伴部大君 | 天平五年 | 後道郡司大領 | 『隠伎国正税帳』 |
| 海部諸石 | 天平五年 | 智夫郡司大領 | 『隠伎国正税帳』 |
| 安曇部百嶋 | 天平宝字八年十月 | 信濃国安曇郡 郡司主帳 | 布袴（正倉院蔵） |
| 大伴部押人 | 神護景雲三年十一月己丑 | 陸奥国牡鹿郡俘囚 | 『続日本紀』巻三十 |
| 宇治部金成 | 天応元年正月乙亥 | 常陸国那賀郡大領 | 『続日本紀』巻卅六 |
| 丸子部勝麻呂 | 延暦四年二月壬申 | 陸奥国小田郡大領 | 『続日本紀』巻卅八 |

される上から姓を必要とする。その場合、最低の姓を与えることになろうが、「八色之姓」の制定では、稲置が最下位であったが機能せず、そこに庶民を表現する「部姓」が浮上したのであろう。部名は次の通りである。

今良、大目東人子秋麿《あきまろ》等六十八人、賜レ姓、二桧前《ひのくま》（部）《脱カ》・若桜部・津守部・真髪《まかみ》部・石上《いそのかみ》部・丈部《はせつかひべ》・桑原部・置始《おきそめ》部・宇治部・大宅《おほやけ》部・丸部・秦部・林部・穂積部・調使《つきのつかひ》部・伊福《いほき》部・采女《うねめ》部・額田部・上村主《かみのすぐり》・湯坐《ゆゑ》部・壬生《みぶ》部一、

以上二十一氏の部名はいずれも『続日本紀』にみえるが、上村主は外来人であった者に付けられたのであろう。新日本古典文学大系『続日本紀』補注30－37には、上村主について「本条のなかでカバネをもつ唯一の姓」とある。上村主は『新撰姓氏録』左京諸蕃（漢）上に「魏〈三国志〉の陳思王植の後裔とある。上氏は村主の統率者の一員であったのであろう。宝亀三年十二月己未（一三日）の条に、太宰府が言すには、壱伎（岐）嶋掾従六位上、上村主墨縄らが、年粮を対馬嶋に送るとき、急に波浪に遭い、船は沈没、積荷も漂失……墨縄らに報告して云わく……」とあるように、上村主には官人の部下ばかりでなく、私的な部民に準ずる集団の存在が考えられる。上村主は慶雲元年（七〇四）に、従五位（下）上村主百済が、また霊亀元年（七一五）には、上村主通（無位カ）も阿刀連を賜っており、阿刀部がみえる。上村主に部民の存在が考えられる所以である。

『三代実録』貞観六年（八六四）八月八日壬戌の条に「阿波国名方郡人、二品《ほん》治部卿兼常陸国太守賀陽親王家令正六位上安曇部粟麻呂、改メテ二部字ヲ一賜フ二宿禰ヲ一。粟麻呂自ラ言フ、安曇百足宿禰之苗裔也」とあるように、安曇部粟麻呂は阿波国名方郡の人で、二品賀陽親王の家令となり、二品家令にしたがって正六位上を

賜っていた。部姓を嫌い宿禰を賜る。理由は安曇百足宿禰の後胤（苗裔）ということによる。阿波国名方郡は律令制施行後には国府が置かれ、政治の中心地となった。旧豪族には、粟凡直氏・海直氏・安曇部氏・忌部氏などが知られ（『国史大辞典』名方郡の項）、粟麻呂は、その安曇部の一員であったのであろう。安曇百足は『播磨国風土記』揖保《おひぼ》郡石海里《いはみのさと》、浦上里に阿曇連百足が、また『肥前国風土記』松浦郡値嘉郷《ちかのさと》の項にも阿曇連百足の名がみえる。「八色之姓」の制定によって、阿曇連は阿曇宿禰と改められたわけであるが、百足が中央の政・官界で活躍した記録はない。粟麻呂は阿波国名方郡安曇部の出身であろうが、二品親王の家令となり、正六位上の位階を得たので宿禰の姓を授かったのであろう。時代の変遷によって「部」と「姓（カバネ）」との差は著しく狭まっていることを知るべきであろう。

## 註

摂津の住吉大社の「神代記」（天平三年〈七三一〉、神主津守宿禰嶋麻呂などが撰）には、「底津少童命、中津少童命、表津少童命、是安曇連等所祭神也」とあって、阿曇連を安曇連と記しており、この事実は阿曇氏から安曇氏への移行が天平三年以前から存在していること示すという見解もある。

# 七　日本における白水郎の概念

『魏志』倭人伝に「今倭の水人、好んで沈没《しず》んで魚蛤《ぎょこう》を捕え、文身し、また以て大魚・水禽《すいきん》を厭《はら》う」（原漢文）とある。志賀島では海に潜るのは男性が主であって、海女は希であるという。また、『日本書紀』には履中天皇元年四月条に、阿曇連浜子が罰として黥《いれずみ》の刑に処せられたとある。これは阿曇目《あずみめ》といわれ、おそらく倭奴国時代からの文身の刑の一種と考えられる。

『日本書紀』巻第二、神武天皇紀に天皇の誕生について、彦波瀲武鸕鷀草葺不合尊《ひこなぎさたけうがやふきあはずのみこと》の第四子を父に、母は玉依姫という。海童《わたつみ》の小女である。海童とは海神豊玉彦である。したがって、神武天皇は海人族ということができ、わが国は漁猟国を起源として建国された。神武天皇の誕生は『古事記』においても大略同様であるが、しかし天皇と阿曇族との関係は神代記紀から距離を置いているように感じる。

源順が承平年中（九三〇年代）の著作『倭名類聚抄』の「漁猟類第二十一」に、漁猟・海藻をもって生業とする者の分類を掲げて、（元和古活字那波道圓《えん》本）

漁子《いをとり》　漁父《むらぎみ》　白水郎《あま》　潜女《かずきめ》　猟師《かりひと》　刈率《かりこ》（列率《せこ》）　屠児《ゑとり》

とある。なかでも白水郎については、平安時代の辞典『弁色立成《べんしょくりうじょう》』には、和《（倭）》名「阿万《あま》」とある。郎とあれば男性である。潜女が今日の海女にあたるのであろう。一般には漁猟者を海人と表現している。『日本書紀』による海人の分布には、

1　豊浦津・渟田門海人《ぬたのみなとのあま》（仲哀天皇二年夏六月庚寅〈十日〉）。
2　吾瓮海人《あへのあま》烏摩呂《をまろ》（神功皇后前紀庚辰年秋九月己卯〈十日〉）。
3　磯鹿海人草《しかのあまくさ》（右同）。
4　淡路御原海人《あはぢのみはらのあま》（応神天皇二十二年春三月丁酉〈十四日〉）。
5　淡路野嶋《のしま》海人阿曇連浜子《はまこ》（履中天皇前紀己亥年春正月）
6　阿波国長邑海人男狭磯《さし》（允恭天皇十四年秋九月甲子〈十二日〉）

などが挙げられるが、場所が明確でないものは除いた。右の史料6は、書紀における白水郎の初見で、「赤石の海（播磨国明石郡カ）の底に、真珠有り、其の珠を我に祠らば（淡路島の神）、悉に獣を得しめん、とのたまふ。爰に更に処々の白水郎を集へて、赤石の海の底を探しむ」（要約）とある。この史料によって、わが国の白水郎の文字の使用は、海中に潜って生計を立てる漁夫に用いられたことが分かる。元来、白水は美しい真水（淡水）をいうのであって、現に中国において白水河（貴州省）、白水湖（浙江省金華道・会稽道の二湖）がある。唐代の詩人、元稹《げんしん》（七七九～八三一、河南の人）の有名な詩「嶺南崔侍御を送る詩」の一節に「白水郎の旱地を行くは稀」（原漢文）とあるが、漁師が船中を家宅として漁撈を営むには、波の荒い海岸では無理であり、河川・湖沼のほか、海が陸地に深く食い込んでいる入り江でなければ「白水郎の旱地（陸地）を行くは稀」とはなるまいと筆者は想定している。

「アマ」の呼称には海人・白水郎と蜑《あま》の文字が充てられているが、蜑は宋の范成大《はんせいだい》の（『宋史』三百八十六）『桂海虞衡志《けいかいぐこうし》』には「海上水居蛮也」とある。「蜑戸」は福建・広東に住む種族で、船を家とし、漁業を営む（諸橋轍次著『大漢和辞典』）とある。白水郎の用語は唐代を遡らないというが、蜑の用語も漢代以降であろうか。

わが国では『枕草子』に用いられている。その陽明文庫本には、

うちとくまじきもの、似而非《えせ》もの……船の路……まいて、蜑《あま》の潜《かづ》きしに入るは、憂《う》きわざなり。……

とある。しかし岩瀬文庫蔵の柳原紀光筆本には「蜑」を「海女」とする。問題もあろうが、「蜑」のわが国の使用例を平安時代の『枕草子』においておく。

かつ、『日本書紀』仁賢天皇六年（四九三）、是秋の条の韓《からの》白水郎《あまの》暵《はたけ》は難波玉作部鯽魚女《なにわたまつくりべふなめ》と結婚、倭国に帰化した「アマ」で、後に韓海部首《からのあまべのおびと》（『新撰姓氏録』未定雑姓、摂津国）を授けられた者とみられる。しかし韓海部首は、

武内宿禰男平群木菟宿禰《へぐりのつくのすくね》之後也。

とあり、馬工連（大和国皇別）には、

平群朝臣同祖、平群木兎宿禰之後也。

と記し、さらに額田首（河内国皇別）には、

早良臣同祖、平群木菟宿禰之後也、不レ尋二父子一、負二母氏額田首一。

とあって、韓海部の存在に疑問をもつが、韓海部首は未定雑姓で、一史料として記述するに止める。なお、三韓、高麗の史書には白水郎の文字が現在のところ発見できていない。

白水郎の国内の出典はすでに調査されていると思うが、現存『風土記』の白水郎の記述には、

『豊後国風土記』海部郡　白水郎

『肥前国風土記』小城郡大家嶋　白水郎、小城郡値嘉嶋　白水郎

が挙げられ、『萬葉集』には、

伊勢国　伊良虞島　白水郎　巻第一、巻第七、十一
播磨国　藤江浦　白水郎　巻第三
摂津国　住吉　白水郎　巻第六
筑前国　志賀島　白水郎　巻第十六
豊前国　企救郡　白水郎　巻第十六
豊後国　　白水郎　巻第十六
不　明　　白水郎　巻第七

右の巻の歌に白水郎が詠まれている。ところで、後漢時代の倭人の漁撈は他国に抽んでるほど盛んで、その名声は北方の鮮卑にまで及んでいたと范曄《はんよう》撰『後漢書』鮮卑伝が記している。しかし、『三国志』魏書の鮮卑伝が引く『魏書』には汙国とあって、現在のところ汙国を倭国と解する説と、倭国説を否定する二説に分かれている。筆者は倭人が中国内陸部に進出していたと考えていないが、漁業（猟）に擢《ぬき》んでていたことは事実であろうと疑わない。

# 八　志賀島白水郎の風俗楽について

『漢書』芸文志には、「孝武が楽府を立て、自《よ》り、歌遙を采《えらびと》る」（原漢文。以下、「原漢文」を省略する）とあるので、漢代には多くの流行歌が存在していたものと推測できるが、やがて律による雅楽が主流を占めるようになり、庶民の風俗歌が選ばれなくなったようにみえる。古代の三韓のばあいも同様で、『三国遺事』には新羅眞平王代（六〜七世紀）の「融天師彗星歌」のみが収録されているに過ぎない。

風俗歌といえば、地方民謡であり、風俗楽はこの風俗歌の音曲の意であろう。その初見は養老元年まで遡るが、志賀島白水郎の風俗楽の出典は『三代実録』清和天皇貞観十八年（八七六）春正月廿五日癸卯の条に「是れより先、貞観十六年、大宰府言す、香椎廟宮の毎年春秋祭日に、志賀嶋白水郎の男十人、女十人が風俗楽を奏す。著す所の衣冠は、去る宝亀十一年（七八〇）、（大宰府）大弐正四位上佐伯宿禰今毛人が造る所なり、年代久遠にして、服用に中《あ》てず、請ふ、府庫の物を以て之に造り充てんことを。是に至り太政官処分《とりはからひ》、請に依る」とある。いうまでもなく、雅楽寮のばあいは「楽を奏す」である。志賀島の白水郎は男女ともに衣冠を著《ちゃく》して風俗楽（歌舞）を奏していたという。

地方民謡の起源を探る術はなく、自然発現的な性格が強いとみられる。もちろん何らかの刺激があってのことである。鎌倉時代の『十訓抄《じっきんしょう》』の第一の説話の中に、天智天皇の歌が諸国の風俗歌の発端となったという話が紹介されている。

天智天皇世につゝしみ給事ありて、筑前国上座郡朝倉といふ所の山中に黒木の屋を造りておはしけるを、木丸殿と云。圓木にて造故也。……さてかの木丸殿には用心をしたまひければ、入来る人かならず名のりをしけり。

　朝倉や木の丸殿に我をれば
　　名のりをしつゝ行はたが子ぞ

是天智天皇の御歌なり。これを民ども聞とゞめて、うたひ初たりける也。其れを国々の風俗どもえらびたまひける時、筑前国の風俗の曲にうたひけるを……。

この説話は『日本書紀』天智天皇の記事にみえず、鎌倉時代の伝承を記し止めたものと思われるが、天智天皇の歌が、諸国の地方歌謡となったという起源説話であろう。

志賀島の白水郎が香椎廟に奉納した歌詞は「香椎廟宮記」（文化元年〈一八〇四〉）の増補（糸山貞幹）に載っている。本書は昭和三十七年刊『福岡県文化財調査報告書第二十四集（志賀海神社祭事資料集）』（福岡県教育委員会）による。原本の存在については記述していない。

現今ハ、志賀島ノ、白水郎ノ風俗楽ハ本宮ニテハ奏セス、其産土神、志加神社神名式ニ載ル所ナリニテ奏ストイフ、其哥　志賀ノ浜長キヲ見ヨ、幾世フルラン、、、、、香椎路ノアノ向ヒナル吹上ノ浜ニ千世ニ千世マテ、山ハ高シ、木葉ハシケシ、山彦ノ声カ、鹿ノ声カト聞分ケタリトモ覚エス、カヤツトニ包ミシ種ヲ島ノ田ニ植テ茂ランカヤツヽミノ種ヨ、アラウレシアラ楽シキヨ、其御酒ノハツホハ神ニマ井ラセラレシナラン尚数首アリ

又、異伝ニハ、賢木ノ舞ノ哥、真山木ノヤエ真幸ノ葛イロ増ルラン恵美良矢美多羅ノ哥、志賀ノ浜長

サヲミナヨ幾世フラン、幾ヨフラン、香椎路ノアノ向ナル吹上ノ浜ニチヨニチヨマテ右別当座ヨリウタウ

今宵ノ夜中ニ着給ヒタル御舟ハヤ誰カ御舟ナリケアヨ《（ママ）》ヽ、ユルカヤユルカ塩浜ノユルカヽ、右地哥別当ヨリ、君カ世ハチヨニ八千世ニサヽレ石ノイハホトナリテ、右三ノ禰宜ノ哥　ワレハヤ我君御召ノ御舟カヤウ《（ママ）》ツヽラカヒミカヱニ命ハ千歳ト云花コソ咲タリ沖ノ御津ノ塩ハシニハシタラシツル釣ノ緒ニ食ハサム鯛ノ沖ノ群鯛ツヒ《（本ノママ）》ホチ磯良カ崎ニ鯛釣翁幾代カ釣イヨセテソ釣ヽ、右ノ哥ニノ禰宜ヨリ

　　箱崎ノ海人ヨリハ、魚藻ヲ献ス

十一月六日も之に同じ、三代実録ニ春秋祭日とあれば十一月六日には非ず、九月九日なるべし、然れども日記に載る所を本文には記し侍る。

〔補足〕昭和三十七年志賀海神社祭事表によれば、志賀海神社と香椎廟宮との関係は「古は三月五日、禰宜座の社人海藻を調物として、香椎宮に献ずる慣あり、現在では三月六日、魚介を献ずる」とある（『福岡県文化財調査報告書第二十四集（志賀海神社祭事資料集）』福岡県教育委員会）。

なお、今日志賀島で催される「頓宮祭」の(1)竜の舞、(2)八乙女の舞、(3)羯鼓舞、『御神楽』の歌詞、「乙女神楽」の歌詞なども、古くからの風俗楽の系統をひくものであろう。

かつ、風俗歌の中には神楽歌も含まれているのであろうか。題「磯良崎」（日本古典文学大系『古代歌謡集』神楽歌）には、左のような歌詞がみえる。

　　磯良が崎に鯛釣る海人の鯛釣る海人の

この歌詞は志賀島の阿曇磯良とは直接関係はなかろうが、白水郎の風俗楽の歌詞と類するものがあり、風俗歌と認められよう。室町時代の『八幡大菩薩愚童訓』に、「安曇之磯良ト申スハ筑前之国ニテハ志賀、常

陸国ニテハ鹿島大明神、大和ニテハ春日大明神トソ申ケル」とある。『日本書紀』天武天皇十四年（六八五）九月戊午（十五日）の条に、「是の日に詔して曰はく、凡そ諸の歌男《うたを》・歌女《うため》、笛吹く者は、即ち己が子孫に伝へて、歌笛を習はしめよ」とある。この天皇の詔によって、地方の歌謡・舞曲が伝承される道ができたことに疑いはない。楽器に笛だけを挙げていることに注目すべきであろう。

ところで、百済には日本より以前に、風俗楽と風俗舞が存在した模様である。初見は『続日本紀』天平十二年（七四〇）二月丙子（十九日）の条で、「百済王等（難波宮で）風俗楽を奏す」とあり、さらに同十六年二月丙辰（二十二日）の条に、「安曇江に幸して松林を遊覧す。百済王等が百済楽を奏す」、天平神護元年（七六五）十月戊子（三十日）の条に、「弓削寺に幸して仏を礼む。唐・高麗の楽を庭にて奏す。刑部卿従三位百済王敬服等もまた本国の儛を奏す」、延暦十年（七九一）十月己亥（十二日）の条に、「右大臣、百済王等を率ゐて百済楽を奏す」などを挙げることができる。なお『続日本後紀』天長十年（八三三）四月戊午朔の条に、「（仁明）天皇は紫宸殿に御《のぞ》み、侍臣に酒を賜ふ。音楽の次に右京大夫従四位下百済王勝義が百済国の風俗舞を奏す」とある。以上によってみるに、日本在住の百済王は、公式の場で、百済の風俗楽または風俗舞を披露したのであるが、その具体的内容は国内の風俗歌舞と同様に明らかにすることができない。百済が百済楽を倭国に紹介したのは、天皇の要請で欽明天皇十五年（五五四）に、交替の大使、五経博士、僧、易博士、暦博士、医博士、採薬師と共に来朝した楽人施徳三斤・季徳己麻次・季徳進奴、対徳進陀の四人であった。この四人は中国系ではなく百済人という（末松保和『任那興亡史』）。この伝えられた楽が雅楽であったか不明であるが、百済官制の百済楽は雅楽であり、楽器として桃皮篳篥《とうひひつくつ》（東夷の楽器で雅楽用）・箜篌《くご》（百済琴）・笛・箏などを挙げているが、『北史』では有鼓角《いふこかく》（鼓《つつみ》）・箜篌・箏・竽《う》（笙）・篪笛《こてき》の類とある（『三国史記』雑志第一（二）楽）。日本の令制（『令集解』）の治部省雅楽寮では、百済楽師四人（横笛師・箪(箜)篌師・莫目《まくも》師・儛師）とあり、別記には、百済笉(箜)篌師一人・横笛一人（兼歌）・韓琴師一人（大理須古）・儛師一人とみえる。楽器の莫目は高麗楽および百済楽に用いられた楽器という以外、形状その他は不明である。奈良市の東大寺正倉院には楽器が多く収蔵されているので、同一または同類のものが存在しているとしても不思議ではない。

風俗楽には百済楽に止まらず、（一）大嘗祭《だいじょうさい》に際して歌う悠紀国・主基国の風俗歌舞、（二）天皇が行在所で諸国の国司等を招いて奏する風俗歌舞、（三）国司が天皇を招いての風俗歌舞、（四）大隅・薩摩の隼人による朝廷での風俗歌舞、（五）吉野の国樔《くず》が諸節会に御贄を献じての歌笛（風俗歌）などがある。

（一）大嘗祭は『日本書紀』天武天皇二年（六七三）十二月丙戌（五日）の条に、「大嘗に侍奉る中臣・忌部及び神官等」とみえるのが初見である。その後、『続日本紀』天応元年（七八一）十一月丁卯（十三日）の条に、「大嘗の事を行ひ、越前国を以て由機と為し、備前国を以て須機と為す。両国、種種の翫好《くわんかう》の物を献じ、風土歌儛を庭に奏す」とある。践祚大嘗祭については、『延喜式』巻第七、神祇七に詳細が記してある。その歌舞の内容は不明であるが、源博雅（九一八～九八〇）が康保三年（九六六）十月十四日、勅令によって『新撰楽譜』を著わし、雙調曲（横笛四）の曲目に柳花苑・春庭楽・悠純(紀)作物・主基作物とある。作物は作曲の意であろう。悠紀・主基と風俗楽は博雅の撰とみられ、その演奏は冷泉天皇の大嘗祭以後に奏されるようになったと考えられる。

大嘗祭に神饌として供出される斎田は、悠紀田と主基田の二ヵ所が設けられ、七月に斎田を卜定して悠紀国と主基国が決められ、また神事を催する大嘗宮も同じく悠紀殿・主基殿の二殿を設営する。そして十一月の辰日に悠紀国が、巳日に主基国がそれぞれ風俗（地方）歌舞を奏する。初見は明らかでないが、『日本後紀』平城天皇大同三年（八〇八）十一月辛卯（十四日）「幣帛を伊勢大神宮に奉り、大嘗事を行ふことを以てなり。是夜、朝堂院に（天皇）をへて大嘗の事を行ふ」。壬辰（十五日）「豊楽殿に於いて五位已上に宴《うたげ》す。二国（悠紀が伊勢国、主基が備前国）が風俗歌舞を奏す」と。この時代は、まだ十一月の辰日に悠紀国の者が、巳日に主基国の者がそれぞれ風俗の歌舞を奏することがなかったとみられる。嵯峨天皇のばあいも（弘仁元年〈八一〇〉十一月丙辰）悠紀・主基両国による「土風歌舞を奏す」とある。『続日本後紀』仁明天皇天長十年（八三三）十一月庚申（八日）、大嘗祭、癸酉（二十一日）「本宮に於て悠紀（近江国）の奉献あり。終日楽舞を奏す」とあり、酉日に悠紀国が当てられ、主基国（備中）の楽舞を載せていない。『文徳実録』文徳天皇仁寿元年（八五一）十一月辛卯（二十三日）大嘗祭、癸巳（二十五日）悠紀（伊勢国）・主基（播磨国）の二国による風俗歌舞とあって、まだ二国の風俗歌舞は分離していない。ところが、陽成天皇の元慶元年（八七七）十一月十八日乙卯の大嘗祭から、十九日丙辰に際して、「悠紀国（美濃）物を献じ、并びに風俗歌舞を奏す」、廿日丁巳「主基国（備中）物を献じ、風俗歌舞は一つに悠紀と同じ。昨《ママ》より今に至る」とあり、両国の風俗歌舞が同じであるということは、各国の地方歌舞が大嘗祭に向けての歌舞に統一されたことを意味しよう。同じ曲で、同じ舞が演じられることになり、作曲と舞踊振り付け師の誕生が推察される。後に源博雅が新曲の「悠紀作物、主基作物」を作曲したのも、斯様な事情からであったといえよう。光孝天皇の大嘗会には、「元慶八年十一月廿二日己卯に大嘗祭、廿三日庚辰に悠紀国（伊勢国）が風俗歌舞を奏し、二十四日辛巳に主基国（備前国）が風俗歌舞を奏したことは昨の如くであったが、翌廿五日壬午には悠紀殿・主基殿の両帳《とばり》を撤去して、天皇は豊楽殿広廂に御《すす》み、百官に宴《うたげ》す。時に多治氏は田舞を奏し、伴・佐伯両氏は久米舞、安倍氏は吉志舞を、内舎人《うちとねり》は倭舞、さらに夜に入りて宮人の五節舞《ごせちまい》などは旧《もと》の儀式の如し」と。五節舞は大嘗会および新嘗会の時に五人の舞姫によって行われたが、『続日本紀』天平十五年（七四三）五月癸卯（五日）に、「皇太子、親ら五節を儛ふ」が初見というが、少女による五節舞とは別としよう。先ずは大嘗会の宴が華やかになってきたことがわかる。

（二）天皇が行在所で、諸国の国司等を招いて奏する風俗歌舞には、『続日本紀』元正天皇養老元年（七一七）九月丁未（十一日）の条から（新日本古典文学大系13『続日本紀二』）、

天皇、美濃国に行幸したまふ。戊申（十日）、行して近江国に至りて、淡海を観望みたまふ。山陰道は伯耆より以来、山陽道は備後より以来、南海道は讃岐より已来の、諸国史等、行在所に詣りて土風《くにふう》の歌儛を奏《つかへまつ》る。

などが挙げられる。

（三）国司が天皇を招いての風俗歌舞には、『日本後紀』桓武天皇延暦二十三年（八〇四）十月辛亥（十日）の条に、「和泉国・摂津国に行幸す。播磨国司奉献し、風俗歌を奏す。壬子（十一日）、紀伊国玉出嶋に幸す」とあり、また嵯峨天皇弘仁六年（八一五）四月癸亥（廿二日）の条に、「近江国滋賀韓埼に幸す。……即ち御船を湖に泛べ、国司が風俗歌舞を奏す」とあり、国司が天皇を案内して、目的達成後は天皇に地方の歌舞を鑑賞してもらうこともあった。

（四）大隅・薩摩の隼人による朝廷での風俗歌舞の資料としては、『儀式』巻三、践祚祭儀の条に、「卯日……隼人司《はやとのつかさ》、率㆓隼人等㆒、従㆓興礼門㆒参入、於㆓御在所屏外㆒、北向立、奏㆓風俗歌舞㆒」とあり、『北山抄』巻五にも同様の記述がある。小槻輔世『壬生《みぶ》家記』嘉永元年（一八四八）十一月、孝明天皇の大嘗会においても、

「隼人司、率二隼人等一参入、於二御在所屏外一、北面立、奏二風俗歌舞一」とある。

『日本書紀』神代下、天孫降臨に際して火闌降命《ほのすそり》は、「是れ隼人の始祖なり」とある。また清寧天皇元年冬十月辛丑（九日）の条に、「隼人は雄略天皇の陵で昼夜を問わず哀号し、食を与えども喫《く》わず」とある。なお、隼人を狗《いぬ》（犬）とする出典も、書紀神代下にあって、一書に「火酢芹命《ほのすせり》（火闌降命）の苗孫の諸隼人等、今に至るまで天皇の宮墻《みかき》の傍《もと》を離れずして、代《よ》に吠《ほえ》える狗（狗《いぬ》して奉事《つかへ》る者なり）」とあって、大和朝廷は建国期から隼人を異文化人と見做していた。『令集解』巻五、職員令隼人司《はやひとのつかさ》「正一人掌下検二校隼人一、及名帳、教二習歌儛一、造二作竹笠一事上、佑一人、令史一人、使部十人、直丁一人、隼人」の令の注釈に、「古辞云、薩摩・大隅等の国人、初めは捍《こば》み、後に服する」、「諾請云、已に犬と為《なり》りて人君に奉仕する者、これ則ち隼人と名づくるのみ」とある。また「隼人名帳」は『延喜式』巻二十八、隼人司に「隼人計帳」があり、五畿内ならびに近江・丹波・紀伊国等にも隼人が進出していたことがわかる。「教二習歌舞一」については「穴云、隼人の職は是れなり。朱云、……其歌儛は常人の歌儛に在らず、別とす可きなり」とあって、隼人の風俗歌舞は、隼人の主な職業であって、その歌舞は一般の歌舞とは異なるという。あるいは、古代中国の民間風俗歌舞と関係があろうか。阿曇族（志賀島・新宮町）のばあいも、大陸の白水郎などの現地での研究が必要であろう。

さて、『延喜式』兵部省、隼人司にみえる「凡そ践祚大嘗日」には「（隼人は）分れて、応天門内を左右に陳《わ》く。其の群官初めて入るとき、（狗）吠を発す。悠紀入るとき、官人并に弾琴・吹笛・撃百子・拍手・歌儛等（弾琴二人、吹笛一人、撃百子四人、拍手二人、歌二人）、興礼門従《よ》り御在所の屏外に参入り、北向に立て風俗歌儛を奏す。主基入るときも亦、此に准ず」とあり、大嘗祭式には補って、「楯前に進み、手を拍ちて歌儛す」

とある。隼人が多数官位を得ていたことは、『続日本紀』称徳天皇神護景雲元年（七六七）九月己未（十二日）の条に、「隼人司の隼人百十六人に有位无位を論《と》はず、爵一級を賜ふ。その正六位上の者には上正六位上を叙す」とあることによって知ることができるが、また従五位下の位階に叙することには抵抗があったのであろう。官位令によれば、隼人正は正六位上である。武田佐知子氏は朝廷の儀式に参加する隼人の衣服の分析から、「律令国家の身分秩序に組み込まれ、官僚体系の末端に位置づけられている」ことを明らかにした（「日本古代における民俗と衣服」『日本の社会史』第八巻、二七頁）。律令体制下では、一部の隼人が隼人司令の隼人（職員令）で、その任と地位とを得ていたと考えられる。

ついで、隼人舞の初見は、『続日本紀』元正天皇養老元年（七一七）四月甲午（廿五日）の条に、「天皇、西朝に御す。大隅・薩摩の二国の隼人等、風俗歌儛を奏す」とある。次いで同七年五月辛巳（十七日）の条に、「大隅・薩摩の二国の隼人、六百廿四人が朝貢す。甲申（廿日）、饗《あへ》を隼人に賜ふ。各その風俗歌舞を奏す。酋帥《しゅうすい》卅四人に、叙位し禄を賜ふこと差あり」と、隼人の酋長三十四人に対して位階を授けている。天平元年（七二九）六月癸未（廿四日）の条には、「天皇、大極殿の閤門に御す。隼人等、風俗歌舞を奏す。甲申（十五日）には隼人等に位を授け、禄を賜ふこと各差あり」と。次に『日本後紀』桓武天皇延暦二十四年（八〇五）正月乙酉（十五日）の条をみると、「永く大替隼人の風俗歌舞を停む」とあって、一部の隼人風俗歌舞の衰退を伝えている。しかし、大嘗祭に際しての隼人風俗歌舞は、詳細に画かれた記録がないのが現状である。

（五）吉野の国栖《くず》（樔）が大嘗祭に際して古歌を奏することは、『延喜式』巻七、践祚大嘗祭で、「吉野の国栖十二人、楢笛工《ならふえふき》十二人、朝堂院東掖門より入り、位（置）に就てより古風を奏す」とあって、総勢二十四人によって歌笛を奏した。宮内省式の「凡諸節会」には「吉野の国栖は御贄《にえ》を献じ、歌笛を奏す。節の度《たび》に十七人を以て定めと為す。国栖十二人、笛工《ふえふき》五人、但し笛工二人は山城国綴喜郡に在り。其の十一月新嘗会には各ゝ禄を給ふ。位有る者は調布二端、位なき者は庸布二段」とあり、新嘗会には、総勢十七人による歌笛を奏するという。

隼人歌舞と同様に、国栖の歌笛の内容も不明であるが、本居宣長『古事記伝』三十三之巻で、国栖の歌笛の不参による停止について、

小右記に、寛弘八年（一〇一一）正月一日乙亥云々、無シ三国栖ノ奏、依テレ不ルニ二参上セ一也。近年如シレ之ノ、是大和ノ守頼親ガ時被シレ調ベ、已ニ不ト二参上セ一云々、と見えたれば、このほどより、国栖人の仕奉るは絶たるなり。

と研究成果を述べている。ところで国栖の文献上の初見は、『古事記』中巻、神武天皇の段に、「爾《ここ》に天つ神の御子、汝は誰ぞと問へば、答へて曰く、僕は国つ神、名は贄持《にへもつ》之子と謂ふ。（中略）其の地より幸行《い》けば、尾生《あ》る人、井より出で来り、其の井には光り有り。爾に汝は誰ぞ問へば、答へて曰く、僕は国神、名は井氷鹿《ゐひか》と謂ふ。（中略）（此の者は吉野首《おびと》等の祖なり。）即ち其の山に入れば、亦、尾生る人に遇ふ。此の人巌を押し分けて出で来る。爾に汝は誰ぞと問へば、答へて曰く、僕は国神、名は石押分《いしおしわけ》之子と謂ふ。今、天つ神の御子幸行と聞く。故に、参り向へる。（此の者は吉野の国巣《くず》の祖なり。）」とあって、倭国開闢以来の一国神であるという。なお『新撰姓氏録』大和国神別の地祇に「国栖」があるが、省略する。

以上、志賀島の白水郎の風俗楽を調べるうちに、他の風俗楽も追ってみた。その対象は志賀島の白水郎の風俗楽のみが香椎廟宮に奉納するもので、他の風俗楽は何れも朝廷を対象にしている。志賀島の白水郎が三韓に向けての仲哀天皇と神功皇后に対する敬慕、これが香椎宮に最近まで風俗楽、いわゆる神楽として舞わ

れていたのであろうと推測できる。左の「神楽」は幕末のこと、八乙女の阿曇モト氏の使用本である（志賀島の木梨菅子氏提供）。一言、神楽は安曇磯良神を主体とする「志賀の海人」が大和の地の方に伝播したという説を耳にするが、それは室町時代の『八幡大菩薩愚童訓』を出典としたもので、阿曇氏を安曇にしていることによって明らかである。岩波古典文学大系『古代歌謡集』に風俗歌五十三首を載せているが、二十四首目に「八少女《やおとめ》」（万葉仮名）を採用している。

八少女は　我か八少女ぞ　立つや八少女　八つや八少女　神のやす　高天原《たかまのはら》に　立つ八少女

也乎止女波、和加他乎止女曾　太川夜々乎止女、太川也々乎止女、加美乃也須、太加末乃波良仁、太川也乎止女、太川也乎止女、

阿曇モト氏使用本「神楽」は、『福岡県文化財調査報告書二十四集（志賀海神社祭事資料集）』に収録されている。なお志賀海神社が雅楽である越天楽（唐楽）を奏するようになったのは、昭和三十七年以後のことであろうか。祭事の四月三日「田起祭」を右の福岡県の報告書でみると（三六頁）、

旧三月三日午前十時祭典開始、社人、八乙女参列……

とあるが、森山邦人『志賀島の四季』（九州大学出版会、昭和五十六年八月刊）の「田起祭」一一八頁を開くと、

四月三日……あっちの今宮殿《いまみや》からは越天楽が流れ、神官、社人十人が威儀を正して並んでいる。約三十《メートル》離れたこっちの本殿には八乙女が神楽を舞っている。

とあって、越天楽の調に合わせて、八乙女が舞っているという記述であろうか。荘厳な越天楽を志賀海神社が何時から採用するようになったのであろう。本来、八乙女の神楽は「鈴や太鼓や銅拍子の囃子《はやし》を伴って舞

うのであって、越天楽とは関係ないとみる。越天楽は雅楽中もっとも親しまれた曲で、今日は多くの神社祭礼に用いられ、志賀海神社もその流れに従ったのであろう。

## 補記

貞観十八年正月廿五日癸卯の条に、同十六年のこと、大宰府言う、香椎廟宮に毎年春秋祭日の際に志賀嶋白水郎男廿各十人が風俗楽を奉納とある（『三代実録』）。この歌舞奉納の下限は不明であるが、個人的には今日に至るも、八乙女一人、楽士一人が隔年に奉納歌舞を催しているという。また本田安次氏は『日本の伝統芸能　神楽1』（本田安次著作集　第一巻、錦正社刊）附載五、神楽資料、九州地方、福岡（五二三頁）、三二〇・粕屋郡香椎村、香椎宮の神楽の箇所で、「四月十七日の例祭に、宇美から一座が来て舞ふ。五行、お式舞、弓の舞、天孫降臨、剱の舞、蛭子舞、其の他田草、岩戸等あり。」（九州路の祭儀と民俗）と記している。香椎宮の神楽についての資料はない。二〇一一年十二月十九日に宇美八幡宮（福岡県粕屋郡宇美町宇美一―一―一）神楽担当の権禰宜宮本道輔氏からの書簡によると、「宇美神楽は江戸時代中頃の元禄以前から舞っていたと推察されます。しかし明治維新の神仏分離令によって途絶え、明治三十四年氏子によって再興、現在百十周年を迎えている次第でございます。よって資料に乏しく、ご期待に添えるかわかりませんが、御神楽記を送付いたします」とあり、また記載の「御神楽記」にも、香椎宮云々の記述はない。宇美神楽による演奏目録（宇美八幡宮神楽座）は左のとおりである。

一、榊舞　　一、久米舞
一、和幣舞　　一、手草舞
一、五行の舞　　一、磯良の舞
一、蟇目《ひきめ》舞（一人）　　一、扇舞（二人）
一、剣《けん》舞（一人）　　一、蛭児《ひるこ》舞

一、四剣舞（四人）　一、天の磐戸

一、天孫降臨

以上、十三曲に及ぶ歌舞が演じられている。香椎宮での演奏は、宇美神楽座によるもので、八幡宮が直接派遣している神楽ではない。氏子による自主演奏とみられる。なお、宇美神楽は福岡県無形民俗文化財に指定されている。

# Ⅲ　志賀島――金印発掘の経緯

# 一　金印発掘の甚兵衛と喜兵衛

## (1) 百姓甚兵衛

金印「漢委奴国王」を発掘した志賀島の甚兵衛の存在を裏付ける史料としては、庄屋長谷川武蔵の有名な金印発掘口上書が現存する。そのほか、志賀島村をはじめ、弘・勝馬村の三ヵ村は、ともに近世の毎年の宗門人別帳が発見されていないことからして、人口調査をしなかった地域とも考えられるが、甚兵衛の住まい、農地、家族関係を明らかにすることは容易ではない。今日まで志賀島を調査した史料からでは、すでに紹介した旧官幣小社志賀海神社の宮司家である阿曇家所蔵の「寛政二年（一七九〇）五月　那珂郡志賀嶋村田畑名寄帳」三冊（村方控）のうち、上冊は行方不明、その中冊に、「孫次」を朱筆で抹消して「甚兵衛」とある。その甚兵衛の「名寄帳」には左のごとく記されている。

古田　　甚兵衛
　　　　~~孫次~~
ヒロ　　甚平作
中長うら　カツマ　~~藤十~~作
一下田四畝弐拾四歩　○高五斗三升三合

はしり落
一下田四畝弐拾歩　　高五斗壱升九合
　寛政十一年未ノ年ゟ只次へ入

同所　　次郎吉分
一中田七畝拾弐歩　　○高壱石四升六合
　　　　　　　　甚平作
　　　弘　　藤十作
後別当
一下田弐畝　　高弐斗弐升三合
　　　（上貼り紙）
田数壱反八畝弐拾六歩　「田数壱反四畝六歩」
〆　高弐石三斗弐升壱合　　高壱石八斗弐合
　　古　畠
はしり落　　善蔵分
一下畠三畝弐拾弐歩　　○高壱斗八升八合

水上　　　　　　　　　　　次六分
一下畠弐畝　　　　　　　　高壱斗壱合
　　　此分寛政六年ゟ七次ニ入
同所　　　　　　　　　　同人分
一下畠拾歩　　　　　　　高壱升七合

はしり落
一下々畠弐拾歩　　　　　○高弐升
下長浦
一下畠拾八歩　　　　　　○高三升
唐人畠　　　　　　　　　　　　弘　藤十作
一下畠三畝弐拾六歩　　　○高壱斗九升六合
同所　　　　　　　　　　　　　　同　同人
一下々畠壱畝弐歩　　　　○高五升三合
はしり落
一下畠四畝弐拾七歩　　　○高弐斗四升七合
　（虫損）　　　　　　　三吉分

一下畠六畝拾六歩　　　　　○高三斗三升
壱畝弐拾七歩之内
　　　　　　　　　いやしき
一上畠壱畝拾弐歩　　　　　○高壱斗弐升八合
同
　　　　　　　　　いやしき
一上畠四歩　　　　　　　　○高壱升弐合
たい畠
一下畠六畝弐拾八歩　　　　○高三斗五升
藤尾　　　　　　　　　作平分
一下畠七畝拾壱歩　　　　　○高三斗七升弐合
畠数三反九畝拾六歩　　　　（上貼り紙）
　　　　　　　　　　　　　畠数三反七畝六歩
〆　高二石四升四合　　　　高壱石九斗弐升六合

この孫次を訂正して、甚兵衛と改めた年代は不明であるが、この名寄帳（中冊・下冊）を通して斯様な訂正はなく、といって、上冊に甚兵衛が表記されているとも考えられない。しかし、名寄帳の三冊は「村方控」であるので、何かと断定はできない。ところで、この甚兵衛の名寄帳に「ヒロ　甚平作」「カツマ　藤十作」がみえる。「ヒロ」は弘村である。孫次が住む村名は不明。

今回は改めて勝馬村の「宝暦十四年（一七六四）正月　那珂郡勝馬邑田方百姓別名引帳」（全一冊）でみると、藤十は弘村の百姓であり、勝馬村の「岩つて」「はら」に、計一反四畝余歩、高二石一斗余の水田を、また甚平は同村の「はら」「岩つて」「たるみ」「大浦」「北田」「そのた」「赤岩」に、計十筆、五反三畝余歩、高七石三斗七升余の水田を耕作していた。このうち、字大浦の一反八畝四歩は質に入れてある。「名引帳」は「名寄帳」と対になっているらしく、「名引帳」には「何分」という分付の記載がある。水田所有者六十名別に、一筆ごとに耕作者名と水田の等級・坪数・石高が記載されている。宝暦十四年の勝馬村の庄屋は武蔵の父親で、長谷川九右衛門とある。

当「名引帳」に記載されている藤十、甚平両名の名前は、勝馬村の本百姓の上に、貼紙で書かれているが、入村者として当然なことである。また、甚平を甚兵衛と混同して用いていないか志賀島村の臨済宗東福寺派蓮台山荘厳禅寺の岡方過去帳からも探ったが、甚平のみである。ということは、甚平と甚兵衛は別人ということになる。しかし問題がある。推測であるが、もし今後とも、志賀島から甚兵衛、その兄喜兵衛を示す文書が発見されない時には、甚兵衛は甚平と改名したのであろうという推論が一般に普及されよう。また、甚兵衛は志賀島の本百姓になって、金印出土の水田は、その後に抱田地として売却されたという説も誕生しよう。甚兵衛の金印発掘口上書にある「私抱田地叶の崎と申所、田境……」の「抱田地」は、一般に「所有の田地」で片付けられているが、さらに大石久敬『地方凡例録』[1]巻之四上の「出作・入作・持添之事」の条に、「外に抱田地・抱屋敷などの名目ありて、之は其村の百姓にてハあらずして、外より其村の田地・屋敷を所持するを云」[2]という命題に該当し、甚兵衛は弘村の百姓であったという結論に達しよう。すでにして、考古学の板橋旺爾氏は「真印「漢委奴国王」金印の考証」[3]で、考古学的知見により島北西端の勝馬がその（金印出土地）可能性が高い。筆者は甚兵衛の「私抱田地」は、勝馬にあった小作田ではないかと思っている。その小作人が喜平で、秀治は溝改修の助っ人ではないか。

と述べ、その論証は後日の機会に譲る、と結んでいる。また近時には、同じく九州の研究に詳しいフリージャーナリストである岡本顕実氏は、宝暦十四年の勝馬村「百姓別名引帳」にみられる甚平（貼紙に記載）は弘村の本百姓で、檀那寺は弘の香音寺で、過去帳には仁平とある人物であり、天保十年（一八三九）に死去している人物と推論している。(4)

なお、甚兵衛が所有していたという「叶の崎」の水田の後継者についても、何の知見・報告がないのも不思議である。

## (2) 兄喜兵衛

甚兵衛の兄喜兵衛は、以前「奉公仕居候福岡町家」と、口上書に記されているが、亀井南冥の長子である昭陽の文化七年（一八二四）「題金印紙後」によると、福岡の商人とは才蔵のことで、昭陽の長子の妻の外祖父の家に当たるという。甚兵衛は金印を発見して、庄屋武蔵に相談せずに、兄喜兵衛を訪ね鑑定を願った理由は、高価であれば売却する予定であったと考えられる。またこの記述は甚兵衛の庄屋武蔵とは日常的に親しくなかったことを意味するのであろう。しかし結局、庄屋から口上書をもって郡奉行の津田源次朗に届け出ることになった。亀井南冥の努力か。

喜兵衛は甚兵衛の兄である以上、商家に丁稚奉公しているわけではなく、穀物の不作による不足分を、一定期間、商家に住み込み、商家の家業や家事全般を手伝う短期間の奉公人であったと考えられる。一季奉公人請状を作成しているか否かは、町家衆できめていたであろう。農民層としては出稼人に当たる。

しかし、喜兵衛は甚兵衛と同様に農民であったと思うが、現存の史料からでは断定できない。推測に止まる。金印発見から二百年余に過ぎないが、甚兵衛・喜兵衛の名が村から忘れられている。甚兵衛火事によって、甚兵衛は村を去ったともいわれる。あるいは甚兵衛と喜兵衛は村を別にし、甚兵衛は縁あって、志賀島村に入り、本百姓となったが、何時しか村を離れたとの推測もできる。金印発掘口上書を書いた武蔵の御用日記などが見付かることがあれば、全てが（金印発見に関する）解決するものと期待している。

## 註

（1）寛政六年跋、慶応二年版「大石久敬伝附年表」によると、久敬は享保十年生まれ、九州久留米の大庄屋の職に就いていたという説がある。

（2）門前博之「茨城県潮来市旧牛堀村須田本家文書の研究―牛堀村の屋並の復元」（『明治大学人文科学研究所紀要』第五九冊、平成十七年三月三十一日刊）を参照されたい。なお、門前氏の書簡（平成二十四年十月十三日付）によると、「抱屋敷の件は『国史大辞典』に説明のある抱地と本質的には同じではないかと思います」との報告をいただいた。

（3）板橋旺爾「真印「漢委奴国王」金印の考証」（『西日本文化』平成十九年六月一日刊、通巻四二七号）。

（4）岡本顕実「国宝・金印発見者甚兵衛さんは実在したか」（『週刊朝日』平成二十四年十月六日刊）。

## 補註

荘厳禅寺の岡方過去帳から名前末尾の兵衛と平とを探ると、兵衛は長兵衛の一人、平は惣平、喜平、長平、甚平、仁平父、仁平子、仁平悴、伊平などがあげられる。現存の岡方過去帳は享保八年（一七二三）から、浜方過去帳は享和二年（一八〇二）からのものである。福岡県立図書館蔵、福岡藩浦記録「八拾四　火災」によると、志賀島村は安永六年（一七七六）六月十三日に浦分百姓百八拾六軒の内、神社・寺院、百姓居家二軒、蔵三軒が残り、他の百八拾二軒余は納屋ともに焼失した旨を浦役所に届け出ている。元来、志賀島村には農業だけで生計を立てている百姓（岡分）は殆ど存在しないが、岡方・浜方と分類されていた。詳細は各年の「宗門人別帳」が一冊も発見されていないので明らかでない。百姓甚兵衛は岡方に所属していたと思われるが、荘厳寺の岡方過去帳には記されていない。なお、志賀島村は幕末までの間、再三火災があり、その度に地勢の関係で被害が大きく、近世地方文書を所蔵するのは、旧吉祥寺と志賀海神社を世襲してきた阿曇家に限られているようである。

なお、維新後には吉祥寺の関係の仏具・過去帳などは大部分を荘厳寺が受け継いだとのことである。

また、現在の志賀島地区の人口は五九八世帯一二七七人、弘地区は一四七世帯三五五人、勝馬地区は一〇九世帯二六七人である（平成二十五年七月統計）。

江戸時代の本百姓は苗字を有していたにも拘らず、公文書にも氏名を署名させないので、右の如く、同一人であるか否か決め難い結果を生ずる。甚兵衛の金印発掘口上書は庄屋武蔵・組頭吉三・同勘蔵の四名の捺印もある。役所に提出する公文書であるので、当然であるが、今後は百姓印と文書の研究が課題になろう。すでに千葉真由美『近世百姓の印と村社会』（岩田書院、平成二十四年五月刊）が出版されている。

## 二　甚兵衛の「金印発掘口上書」巻頭の「私抱田地」について

甚兵衛の「金印掘出候付口上書」の巻頭に「私抱田地叶の崎と申所、田境之中、溝水行悪敷御坐候」とあるが、この抱田地とは如何なる田地であろうか。なお正確な説明に接していないが、現在のところ「抱地」と同様に見立てた所有地と一般に解されている。甚兵衛の口上書も、この解釈に従って「甚兵衛が所有する田地、字叶の崎」ということで、誰も疑う人はいない。

そもそも、この抱田地に問題を提起したのは、寛政六年（一七九四）になる大石久敬著の『地方凡例録』[1]巻之四上の一条に、「出作・入作・持添之事」を設けている解説の中に、「右名目の外に抱田地・抱屋敷などの名目ありて、之は其村の百姓にてハあらずして、外より其村の田地・屋敷を所持するを云」と述べていることによる。そこで、研究でお世話になっている岡本顕実氏・板橋皓世さんのお二人に、福岡県内の古文書から抱田地の史料を探していただき、整理した結果、九州大学デジタルアーカイブによる法制史料、三苫文書137に年代的に遡る正徳四年（一七一四）午ノ二月廿三日付「正徳三年分払御年貢手間仕ルニ付、我等抱田地貴殿方ニ質ニ召置、借用申米之事」の文書が、現時点では上限である。おそらく、さらに遡ろう。

久敬の抱屋敷の説明には、近時、門前博之氏が、茨城県潮来市牛堀村須田本家文書を分析した結果、[2]牛堀村の天保検地帳の特徴として、屋敷地に多くの「抱屋敷」があることがあげられる。抱屋敷は村内上層が多くを所持しているが、庄屋源之丞の場合、全部で一三筆の屋敷地を名請けし、うち八筆は抱

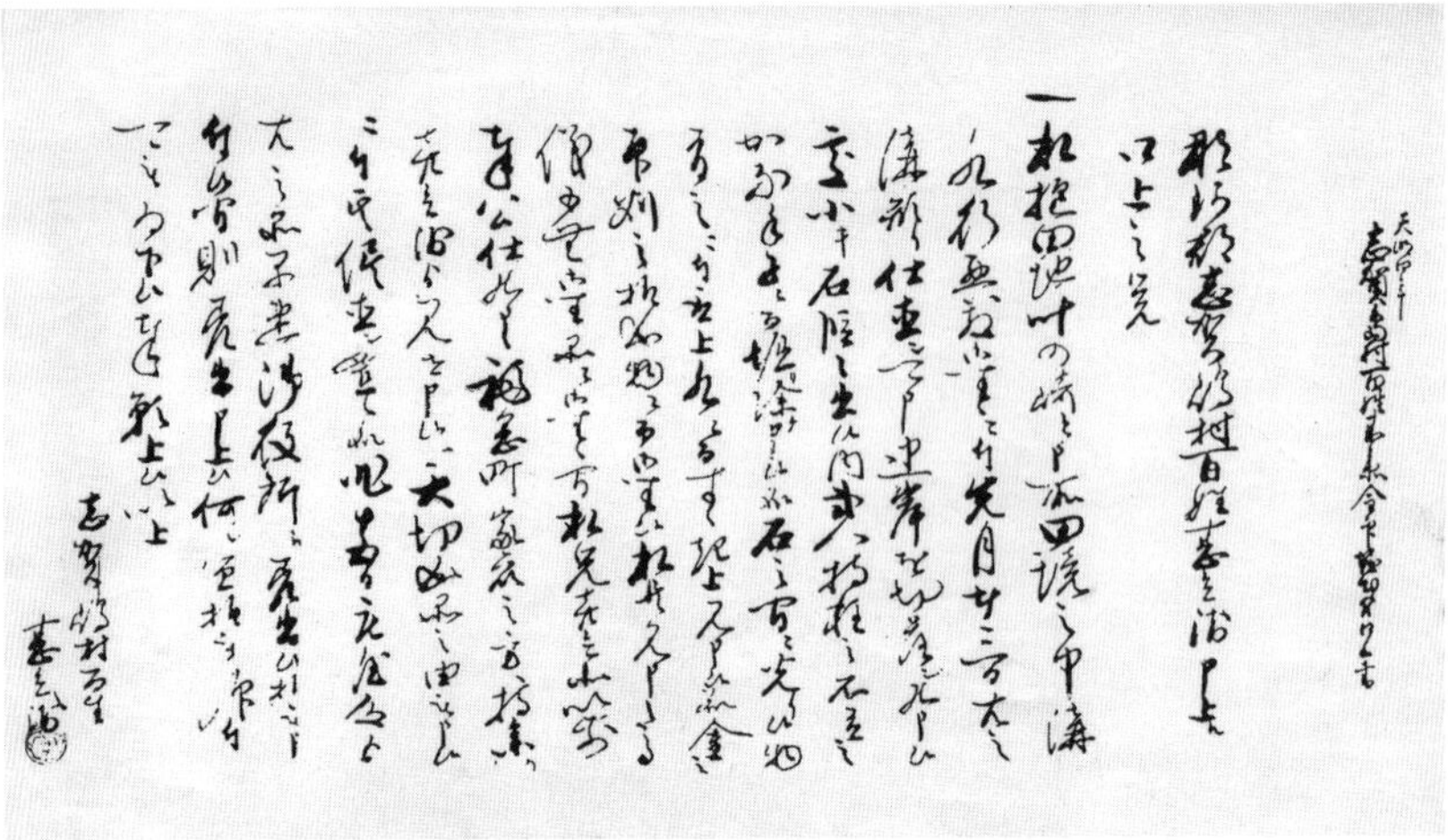

（縦 24.5cm ×横 103cm。右端は包紙上書）

屋敷となっている。『地方凡例録』は抱屋敷と抱田地を説明して「其村の百姓にてハあらずして外より其村の田地屋敷を所持するを云」と述べているが、抱屋敷は村内上層が多くを所持すること、また、他村の所持者も存在することなどから、抱屋敷とは買得あるいは抵当として集積された屋敷ではないかと、推測される。

と述べている。その他村からの名請人名は、清水村が次郎兵衛の一人で屋敷地二筆のうち抱屋敷が一筆であり、堀之内村が寺を含めて五人で、屋敷地九筆のうち抱屋敷が計二筆（内訳は二本松寺と熊太郎の各一筆）となっている。この門前氏の研究に啓発されて調査しても、抱田地の場合も成果は同様となろう。問題は一ヵ村の検地帳または名寄帳に抱田地と記載されていれば、一ヵ村に限っては正確な数字を得ることができようが、只今のところ志賀島の場合は未知数である。

ところで、大野広城著の『的例問答』(3)をみると、「享和元年（一八〇一）六月屋敷改江問合」とある「答」に抱地にふれて、

抱地と申候は、圍家作等相成不レ申候場所、野田之儘《まま》を所持候を、抱地と唱申候、

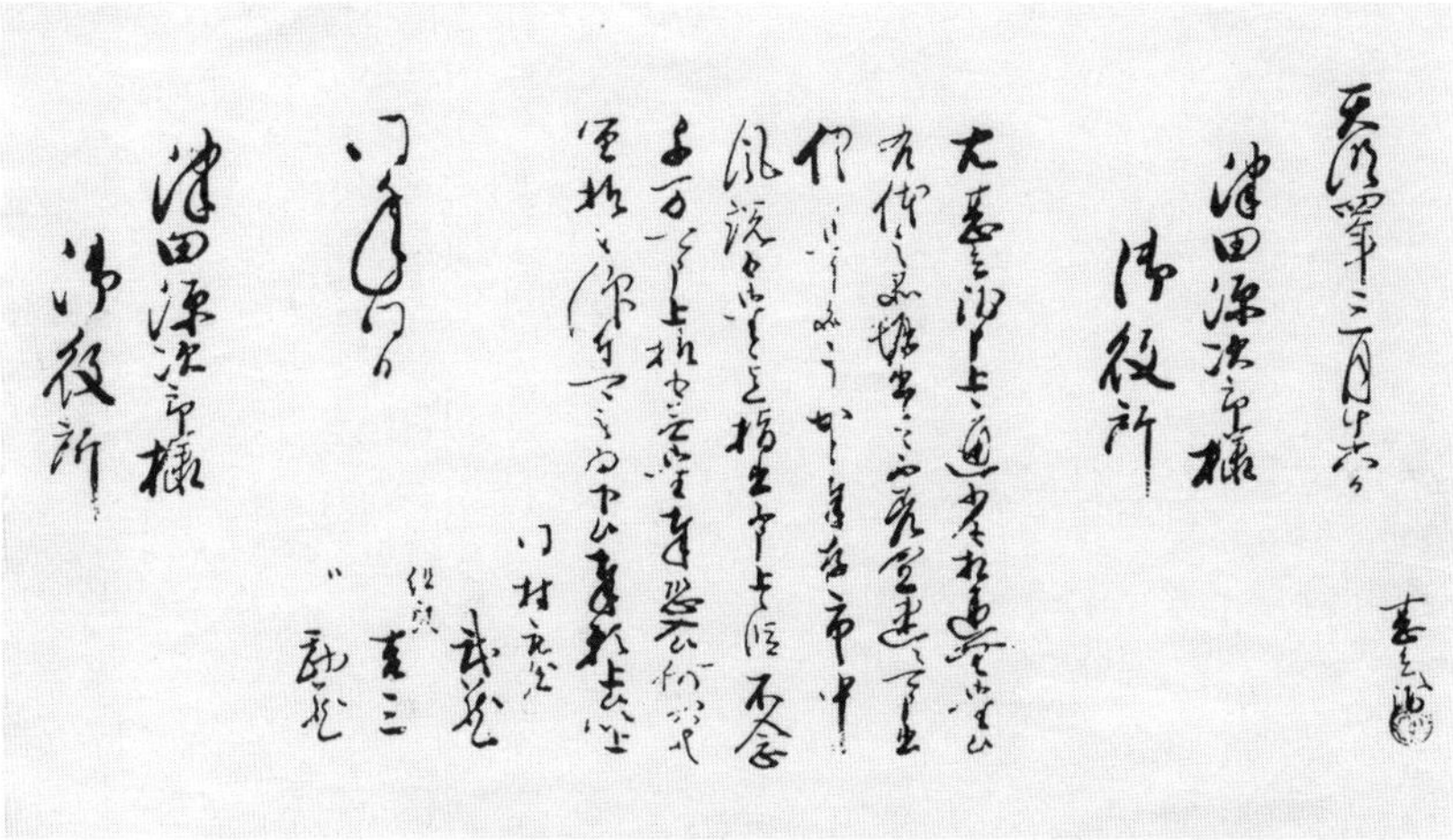

甚兵衛口上書

とある。この大野の問答は、幕府の制度、典例などの記録を纂《あつ》めたもの、とのことであるから転写は正確と考えられる。文中の野田とは湧水が出ている野中の田のことであれば、年貢割付状に「永荒」とある地域であって、水田はもとより、家屋も建てることができない土地をいう。さて、斯様な野田では売買・質入もできるはずがないので、抱田地を野田と解することには矛盾がある。

以下は仮説に過ぎないが、福岡藩の抱田地の史料は、正徳以後、多量に散見するので、抱田地の名称は近世初期の検地以後の新田開発との関係で考えられまいか。渡辺隆喜氏は「抱地」について、「元文二年（一七三七）以降は、一般農民にも抱田地を許したが[4]」と説くが、福岡藩では元文五年（一七四〇）までは田畑の売買を禁止していなかったが、同年四月から、百姓が自由に売買し、質入することを禁じた。ただし、同じ村内であれば自由であったが。他村との関係であっては奉行の許可を必要としたという。この研究は児玉幸多氏が『近世農民生活史』に載せているところで[5]、福岡藩の本百姓には多くの裁量が認められていることが分かる。

また渡辺隆喜氏は、先の記述に続けて、抱地の多くは「新田開発による開墾地や、切添地のほか、潰百姓の跡地や、散田前の地を譲り受けて耕作する土地」[6]という。抱田地も以上のごとくに解される。この渡辺氏の研究を念頭に置いてみると、他村に入作し、検地帳又は名寄帳、田畑米永取調帳などに田畑の所有者を載せるということは、開村の時、または村内で新田開発をする時以外には考えにくいといえまいか。切添新田は、その村の農民が自己の所有地続きの土地を開墾することで、広域でない限り他村の百姓が入作することは質入れ・売買以外に考えられない。また新規の新田開発に従事する者は、近隣の農村の次男・三男が独立するために入作（村）するのであって、新田の割当面積が狭小であれば、二村にわたって耕地を所持することも考えられるが、新田開発は一定の規則に従って地割するので、無理な新田開発は原則裁可さていない。

また、潰百姓の田畑を他村の親戚の者が継承することも考えられるが、支配関係が異なる場合は成立しないであろうし、結局、長期の飢饉が継続しない限り五人組で相談して始末すること以外になく、水利権もあるし、他村に及ぶことも考えにくい。

ところで、抱田地の初見は不明であるが、享保十一年（一七二六）八月、幕府は新田検地条目を制定しているので、その後と考えられる。現に享保十二年十一月と記した福岡県宗像郡在の「我等抱田地質ニ召置」という文書が現存している。なお抱田地は開墾地を指す用語があるので、田畠地の等級は下田畠が圧倒的に多いが、地味が肥えてくると、上田畠に転じ、文化年間以後の文書には上田畠の記載が多く見られる。

抱田地は質入れ・売買に利用されるのは、それらの手続が水利権も含めて容易であったことによろう。本来ならは、所属の奉行を経由して裁可が必要とするところ、省略されたのであろう。また、この抜け道を裏返すと、借用銭が返還できない場合は、抱田地をもって返納する、という借用証文を取り交わすことになる。

左はその一例である（信濃国埴科郡松代伊勢町八田家文書。現・九州歴史資料館蔵）。

　　　　借用仕銭之叓

一、銭弐百三拾貳目ハ

右之銭慥ニ借用仕候処、相違無㆓御座㆒候、

若納所不埒相成候者、私抱田地之内、ほ

こ田、下田四畝拾八歩之處、以㆓御返納㆒可㆓

申仕㆒候、借狀如㆑件、

　寛政九巳年　　借主　惣兵衛㊞

　　　　　　　　受人　清　作㊞

　　羽野刀次様　　　　（以下略）

なお、左に（1）抱畠地と、（2）抱田地の各一文書を、参考に掲げておく。

（1）福岡県福間町（福津市）中村家文書

　　天明四年辰三月

拙者抱畠貴殿方へ永代相傳ニ売申書物事

上長尾
一、下々畠貳反四畝　高八斗壱升五勺

一、下々《下ばる》畠四畝　　高壱斗六升壱合六勺
　　代米壱俵
　　代銭三拾四匁
右之両人畠代米銭慥ニ受取申候叓実正明白也、然上ハ當辰之年ゟ貴殿方へ御手作可レ被レ成候、諸上納、掛物貴殿方ゟ御仕廻可レ被レ成候尤此畠於ハ村中ハ不レ及レ申、其外、諸親類依レ之相障り申儀無二御座一候、兎屋角《とやかく》と申者御座候ハヽ、何時も此書物ヲ以、御沙汰可レ被レ成候、爲二後日一證人相立書物如レ件、

天明四年辰三月

畠売主光岡
同　大　七㊞
同　善　十㊞
證人　善　左（花押）
同　善次郎㊞

原町油屋
甚次郎殿

子春甚次郎殿ゟ御證文ニ而受取申候

（2）九州大学九州文化史研究所蔵ZB資料　福岡藩松田家文書

嘉永七年寅十二月

下植抱田地為二質入一ゟ借用仕證據（文）之事

若むた下田　八畝拾弐歩　石高壱石三斗　高八斗三升六合

野間尻中田壱反三畝拾歩　石高壱石六斗　高壱石七升三合

〆田数弐反壱畝弐拾弐歩

高壱石九斗九合　新高

代金拾三両㊞　但し利

㊞

右之通慥ニ受取借用仕候処相違無二御座一候、
然ル上ハ年々十二月廿五日譲リ利益約定
之通御借入可レ申候、自然不納之節ハ右之田
地村方役場ゟ御引合被レ成、直ニ御引揚ニ可レ
被レ成候、勿論手許金繰出来仕無レ滞、元利金
帰入候ハヽ、此證據（文）御返シ可レ被レ成候候、為二
後日之一、村役人衆之御届ヲ請一札可二入置一申
候上者、毛頭相違無二御座一候、仍而質入證據（文）

如レ件、

嘉永七年寅十二月

受人　平四郎

伊左衛門

組頭　権　次

松田次八殿

原村庄屋

右之通御届候　已上

輿左衛門

同村組頭

伊平次（以下二名略）

松田次八殿

さて、志賀島村の本百姓甚兵衛の口上書の巻頭に書かれた抱田地については、以上のごとく研究途上であるが、左のように推測できる。すなわち、志賀島村字「叶の崎」所在の、旧来から甚兵衛が所持する田地に接続する荒地を開墾した切添地が、金印出土の抱田地（切添新田）である。しかし、金印出土の時には、まだ開墾田地の周辺が十分に整備されていなかった。左様に推測すると、この開墾田地は甚兵衛が志賀島村小路町の秀治と、勝馬村の喜平の両名を雇って切り開いたように考えられる。

以上は、甚兵衛の「金印掘出口上書」から金印出土の甚兵衛の抱田地を追った愚管であるが、志賀島の島内外の研究者の間でも、金印出土地に疑問を投げかける人も多く、研究方針を改めて検討する必要もあろう。

註

（1）大石慎三郎校訂本、近藤書店、昭和四十四年十一月刊。
（2）門前博之「茨城県潮来市旧牛堀村須田本家文書の研究―牛堀村の屋並の復元」（『明治大学人文科学研究所紀要』第五九冊、平成十七年三月三十一日、一～一八頁。
（3）『故事類苑』政治部七十四　下編　邸宅上。
（4）吉川弘文館『国史大辞典』抱地の条。
（5）児玉幸多『近世農民生活史』第四章第二節　田畑に対する制限。
（6）前掲註（4）。

## 三　甚兵衛の金印発掘口上書と家老の聞届

田中弘之氏の金印研究の特色は、福岡藩の家老職にある久野外記の「聞届」の存在の報告にある（「「漢委奴国王」金印出土に関する一考察—亀井南冥の動静を中心に—」『駒沢史学』第五五号、平成十二年三月刊）。田中氏は郡奉行の津田が提出書類（左の「銅鋒掘出」）の藩庁からの指示を仰いだ書類を、藩庁の「町郡浦御用帳」[1]雑之部（『福岡県史』近世資料編）から、問題の天明四年の一点を選んでいるので、左に転写する。

（天明四年）七月廿八日

郡奉行　津田源次郎

当二月六日宰府村抱片野山六反田ニて、同村百生清太郎と申者堀出候銅鋒十一本之儀、以後段ヽ詮議仕候処、其所江埋有レ之次第ハ不二相分一候得共、格別之古物神具類共相見、いつれ由来可レ有レ之品柄ニ御座候間、右之鋒ハ同所天満宮江神納仕、永ヽ同社江相伝り候様私ゟ取斗度候、尤堀出候百生江ハ相応之代料与へ遣候様可レ仕候、此段相伺之、

右外記聞届、伺之通取斗可レ申候、右之趣者御序ニ可レ達二御耳一旨、付札を以及二差図一、

右の記事によって銅鋒の件は解決したかにみえたが、さらに同年七月晦日に、今度は掘り出した清太郎から改めて銅鋒掘出の文書を津田宛であろうか、左のごとく再び提出させている。清太郎への謝礼も「相応之料物与へ」とあり、別段変わったとは思われないが、決済が必要であったのであろう。

七月晦日

宰府村
百生豊助悴
清太郎

当二月六日、清太郎と申者、松葉かきニ参り候処、同村抱六反田と申所、岸之崩レ口ニ銅鉄之鉾之様なるもの相見へ候付、都合拾壱本掘出候段、申出之、

右外記聞届、右金物不レ残掘出候ものへあたへ可レ申候段、一旦及二指図一候処、其後、津田源次郎ゟ掛り郡奉行奥ニ記シ候書付之通、古実及二僉儀一申出候付、何レ訳有レ之品ニも可レ有レ之哉、乍レ然、最早其者へ為レ取候様、及二指図一置候付、源次郎より宜取斗《とりはからい》、右之品、宰府天満宮へ神納仕、掘出候者江ハ相応之料物与へ候様、可二取斗一旨相伺レ之、則伺之通取斗可レ申旨、外記ゟ及二指図一、

〇右百生ゟ注進之書付、并ニ津田源次郎ゟ差出候書付、軸帳ニ記レ之、

ところで、甚兵衛の口上書は右のような手順を踏まないで、江戸詰の家老から当時数え年六歳の藩主斉隆《なりたか》に渡り、後日、郡奉行の津田源次郎から提出の書状に対する外記聞届もなく、発掘口上書と一緒に、金印も府庫に収まってしまったものと推測される。家老の「聞届」は、金印という始めての件で、直ちに謝礼についても決めることができなかったといえまいか。しかも提出書類の中で最も重要である金印出土地の絵図が奉行所に提出されていない。黒田藩の場合は、絵図面の提出を要求しなかったのであろうか。同じく天明四年閏正月二日の、宰府御社領分の百姓伝五が、居屋敷の裏から古銭凡そ拾九貫八百文を偶然掘り出し、早速届け出たところ、久野外記より、「掘出候者江被レ下候段、郡奉行江及二口達一」とあり、古銭の掘出には文書

の作成を言わず、宝永五年（一七〇八）まで遡って、三月十一日「山家宿三助と申者、銭百拾匁掘出、直ニ其モノヘ被レ下……御用帳ニハ留落ニ候哉、不二相見一候」とある。

手続き上のことであるが、綴の書類は庄屋から奉行に提出され、その書類を奉行が要約して、さらに奉行の意見を添えて藩の家老に手渡され、家老は奉行の提出書類に意見を加えて、奉行に返却する。但し、一括書類は奉行から家老に戻され、府庫に納まる。

甚兵衛の口上書きに対する家老の「聞届」がないために、甚兵衛への謝礼金が各種にわたって存在するのであろう。残念ながら、家老の「聞届」のない理由は明らかでない。

なお、ここで「斉隆記」を紹介しておこう。前述したように金印発見の時は、黒田斉隆が藩主であった。斉隆は安永六年（一七七七）九月二十一日の誕生で、藩主就任は天明二年（一七八二）十二月十九日、退任（十九歳・逝去）は寛政七年（一七九五）六月二十三日という短命であった。戒名は敬徳院周小紹礼、菩提寺は福岡市博多区千代所在の臨済宗大徳寺派に属する崇福寺である。

甚兵衛の口上書を受け取った黒田藩では「斉隆記一」に左のように書き留めている（『新訂黒田家譜第五巻』川添昭二・福岡古文書を読む会校訂、文献出版、昭和五十八年二月刊）。

斉隆記一

天明四年二月廿三日、那珂郡志賀嶋針《(叶)》崎といふ所にて、金印を掘出せり。其所の田主甚兵衛といふ者、己か田地にかゝりし溝筋、水行きよろしからずして、岸《きし》をくつし掘かへるに、石あまた掘出せり。其内二人持計なる石あり。金手子にて是を除けんとせしに、石の間に光れる物あり。あやしみとりて洗いけれハ、金印なり。甚兵衛もとより金印といふ事を知らず。家に持帰り、其兄なる喜兵衛といふ者、已前福岡の商家へ奉公せし者なれハ、此者して彼商人に見せしに、是ハ至宝なるべし。大切にすべしと答へけれハ、先我家にひめ置きぬ。日数経し内に、人々の取沙汰も広まりしか、三月十五日、其村の庄屋より、郡司の宅に持出しぬ。金印にして蛸紐なり。……伊都・委奴音、同じけれハ、伊都県を委奴国王と書けるならん。但、此海島のうち、沙石の間にうつもれし事いといふかし。此印千年の物にして、且久しく土中に埋れしかとも、精金なれハ、今新に鋳出せる物のことし。此事、江戸の邸へ告越しけれハ、掘出せし者へ、銀子若干賜りて公所に収めらる。（一六八～一六九頁）

この「斉隆記」で説明を要するところを箇条書きにすると、⑴金印出土地の地形には触れておらず、甚兵衛口上書の抱田地についてては「己か田地」とあって、抱田地についての説明はなく、福岡では日常使用されていた用語と考えられる。⑵金印の撮《つまみ》は「蛸紐《みずち》」と記し、⑶「委奴国」は「伊都県」とする。これら⑵と⑶の説は藤（原）貞幹・上田秋成の説に従っており、「斉隆記」の執筆は斉隆侯逝去後、間もなくのことと推察される。⑷斉隆侯は幼少のため江戸邸にあって、金印を観ても発言はなく、⑸甚兵衛への褒賞は「銀子若干賜りて」とあるのは理解しがたい。もし、福岡の外記に金印を齎したばあいは、甚兵衛の口上書を渡し、さらに郡宰津田源次郎が詳細な報告書に添えて提出した書類には、当然のことながら、甚兵衛への褒賞金を具体的に記し、後日には外記より褒賞金の指図（報告）を受け取ったはずである。金印は珍しい宝器であるので、江戸屋敷の役人も観たのではあるまいか。現に印譜も江戸屋敷から持ち出しての論考と思われるものもある。しかし、将軍・江戸幕府に報告が及ばなかったのは、内密という意見もあってのことであろう。

# 四　志賀島村庄屋長谷川武蔵

金印は甚兵衛所有の「叶の崎」にある水田から発見されたという記録が、甚兵衛の口上書にある。天明四年（一七八四）二月廿三日のことで、甚兵衛は早速、福岡の町家で奉公する兄喜兵衛に金印の鑑定を願うとある。金印の発掘に関して、本来、最初にその経緯を報告すべき兼帯庄屋武蔵に本百姓甚兵衛は報告しなかったという経緯から、立場の上では両者は疎遠であったといえる。その理由の一つに、天明四年は武蔵三十九歳で、しかも雇《やとい》庄屋ということ、甚兵衛の年齢と大差なかったことなどによるのではあるまいか。

天明四年当時の福岡藩の状況をみると、藩主黒田斉隆《なりたか》（当時八歳）の代にあたり、二月に、朱子学派の竹田梅廬が代表となって修猷館《しゅうゆうかん》（東学問所）を開校し、またそれに先んじて徂徠学派の亀井南冥が代表の甘棠館《かんとうかん》（西学問所）が開校されるなど、(註) 藩は文化の最盛期を迎えた。かの金印が発見されたのが、まさにその直後にあたっていたことを考えると、漢代の金印などを知る者が当時存在しなかったと考えられ、真贋の区別などできなかったはずである。亀井南冥にしても中国の文献による調査で真物と推定したの止まる。有名な明代の王常編、顧従徳校『集古印譜』は、『幕府書物方日記』によれば、「享保十三年（一七二八）八月九日記（二出。一には集古印譜考）」とある。したがって、発見当初に江戸時代の偽作説が横行したのは当然で、第二次世界大戦終了後（一九四五年）も私印説が流布しており、庄屋武蔵も金印の正確な発見場所を指摘していないので、今日でも偽作説は跡を絶たない。

発見者甚兵衛の報告を最初に受ける立場にあった庄屋武蔵が記した金印に関する文書が現在まで発見されないのは、前述の経緯から、武蔵が金印と距離を置き、意識的に書き残さなかったとも考えられる。

金印が甚兵衛から兄の喜兵衛に渡り、さらに黒田侯の儒医である亀井南冥に、そして届出役所である郡（那珂）奉行の津田源次郎が知るところとなり、はじめて武蔵は金印出土の事情を聞く。武蔵としては埋蔵物の届出は厳しいものではなかったが、漢代の金印と聞いて驚いたであろう。また奉行津田は役目柄、武蔵に対して今後の埋蔵物発掘の届出に注意を与えたであろう。

早速、武蔵は甚兵衛を呼んで口上書を書き上げたが、発掘に至る文意には何かと問題があり、もの足りない報告にみえる。その背景には金印発見と前後して上掲の藩校が開校しているということで、武蔵が、金印は開学に箔を付けるための贋物と疑っていた可能性も考えられる。その証拠に、武蔵は学問的にも南冥と会することもなく、当時一世を風靡した京都の新井白蛾（寛政四年〈一七九二〉没）を訪ねたことも、金印出土をめぐっての、武蔵を蔑《ないがし》ろにした南冥の態度（郡役所に報告）に原因があったのであろう。しかし、後述のように、南冥に勝るとも劣らない学識豊かな武蔵が、自身が差配する村で発見された金印という稀代の珍宝について、何の興味も抱かなかったとは到底考えられない。将来、武蔵が書き記した金印文書が発見されることを筆者は秘かに期待している。

以下に、重ねて庄屋長谷川武蔵（延享三年〈一七四六〉誕生）という人物の一端を紹介する。

宝暦十四年（一七六四）正月の「勝馬邑田方百姓別名引帳」をみると、庄屋は武蔵の父の九右衛門で、五筆中（三筆は弘村カ）の一筆に、貼紙の上に「武蔵」とある。ということは、武蔵は秀れた学者とみられるので、他姓から迎えられたとの感があったが、それは否定された。幸いにして長谷川氏から蒲地姓に移行した勝馬の現当主である蒲地孝則氏の計らいで当家の系図を拝見することができた。それによると、寛文年間かそれ以前に蒲地家の先祖で「中興の祖」とされる大園氏が長谷川九右衛門を迎えている。さらに系図には「同人（九右衛門）長子長谷川武蔵」とあり、武蔵が九右衛門（安永二年（一七七三）没）の長子であったことがわかる。武蔵は男子を早逝し、長女は志賀島村の嘉作の妻となり、文化三年（一八〇六）六月に、武蔵六十一歳にして失っている。武蔵は後継者を失ったので、身内の蒲地家から跡継ぎを迎えて今日に至っている（系図は大園―長谷川―蒲地）。武蔵は享和元年（一八〇一）に宗悦と改名、その二年後に庄屋を退職している。学識の豊かなることは、蒲地孝則氏所蔵の箱子革なる人物の左の書幅によって知られる（□は破損部分）。拙著『研究史金印』に掲載済。今後、天明四年の勝馬村『御用留』の発見も期待している。

□姓長谷川、諱某、字武蔵、□灘県勝馬邑之里正也、君弱冠代レ父為二里正一、□□正隣邑志賀□、職殆二十年、両邑蒙二其徳沢一云、歳五十六□□□□骨、改二名宗悦一、君為レ人剛毅質直、慈恵愛□、教二誨子弟一諄々不レ倦、旁善二諸芸一、初幼学二書横田鳳山一、窮二其蘊奥一、常歎二世人一、学レ書者往□煥媚、而□古雅焉、一日遊レ京謁二新井白娥一、□為二書数幅一、白蛾太二賞其書一、嘗就二加藤□□一学レ文、略通二其意一、著二野文童訓、田舎要□□□童蒙一、郷里僻二居於海島一、里人憂レ乏二医薬一、君晩年攻レ医治レ病、得二効験一者多矣、文化八辛未（一八一一）五月二十七日病卒、歳六十六、里人無二少長一、無下不レ為二悲惜一者上、予与相知数、好二其人一悲二其死一、故略二記其事一、以与二其子武右衛門一、願為レ子為レ孫者、奉二遵其遺訓一不レ□二堕其家法一、

文化壬申（九年）仲夏（陰暦五月）

箱子革識㊞

## 註

甘棠館の館名は『詩経』召南の篇名から採用している。

福岡藩では、天明癸卯三年夏六月に侯命により藩校を東西に設けることになり（『日本教育史資料』巻八・九、臨川書店、昭和四十五年館刊）、西学問所甘棠館は同年冬（十月）より普請にとりかかり、翌四年閏正月に概ね完成し、二月丙戌朔（一日）に開館することになった。それより二月廿一日までの間に書生は百人に達し、講説の日には聴衆が門前に「充満」するほどで、甘棠館は盛業と評判されている（南冥から島田藍泉宛の書簡、天明四年二月廿一日付〈『亀井南冥・昭陽全集』巻八・上所収、葦書房、昭和五十五年刊〉）、と記しているように、甘棠館は開館後、直ちに開校されている模様である。

金印の発見は天明四年二月二十三日ということなので、甘棠館の開館のほうが二十二日早いことになる。

なお、甘棠館の開館日を、大坂懐徳堂文庫（現・大阪大学附属図書館内）所蔵「南冥詩稿」にも、「天明四年歳次甲辰二月丙戌朔」と記す（以上、慶應義塾大学附属研究所斯道文庫堀川貴司教授の指摘による）。

# 五　中世以後の社寺と島民の変容

## 1　金剛山吉祥寺と『萬暦家内年鑑』（阿曇家文書）

平安時代中期の公卿、小野宮右大臣藤原実資の『小右記』万寿四年（一〇二七）八月廿七日甲午の条に、「大外記頼隆（清原）云、去年慮外乗㆓入唐船㆒者、志賀社司云々、乗㆓此度船㆒帰来、希有事也」とあって、この当時の志賀島の志賀海神社の宮司が、神社の経済的な目的であろうか、宋国の商船に乗って、北宋の仁宗皇帝の協力を求めて大陸に渡ったが、日本からの正式な国書を持参しなかったので、仁宗との拝謁は許されなかった。『宋史』日本伝には、その事情を次のように記している。

天聖四年（一〇二六）十二月、明州（寧波）言う、日本国大宰府、人を遣はして方物を貢す。而も本国の表を持たずと、詔して之を卻《しりぞ》く（原漢文）。

その後、志賀海神社の大陸との関係は一時跡絶えたか不明であるが、三条西実隆の『実隆公記』の永正七年（一五一〇）六月十一日の条に「自㆓博多㆒桂陽（湖南省）并正使等書状到来、志賀嶋文殊像送㆑之」（東京大学史料編纂所長桃裕行教授の指摘）と、志賀島の吉祥寺の文殊信仰は明にまで知られていたのであろう。文殊像が明の武宗正徳五年（一五一〇）に届けられている。その事情の詳細は明らかでない。阿曇家の『萬暦家内年鑑』には「五台山ノ図古軸天正二年（一五七四）八月修覆、僧栄昌《えいしょう》裱飾（表装）焉、志賀文殊ノ由来ハ『東海璚華《けいか》集』（永享九年（一四三七））ニ載ス」とある（玉村竹二『五山文学新集』第二巻所収）。

志賀島に初めて創建された寺院は、正確な年代は不明であるが、文献では金剛山吉祥寺が初見である。博多の万松山承天寺の末寺であって、『承天寺誌』に吉祥寺は以下のように記されている。

一、前那珂郡志賀島　金剛山吉祥寺
別号　宮司坊　但勅賜承天禅寺末寺
開山聖一国師、従二大宋国一、帰朝之節、志賀三社之司務職、神孫阿曇氏之数輩有二神託一、而精藍経営、請二聖一国師一、爲二開山祖一、復別当坂本知家子、附二属円爾禅師一、嗣レ法、称帰二於禅一、宗岳禅師爲二第二世一云々、
神領五十石、国主甲斐守長政御寄附、到二于今一、御代々如二上件一、往古三百七十五社と記せり云々、
其後、天正十八年、小早川隆景修理之比、五社残れりと記、
　　天明六年（一七八六）十二月十七日

○承天寺末寺
一、那珂郡志賀島金剛山吉祥寺（神宮寺）
　志賀大明神之宮司也、支配下有二社家若干一、（右に天正十八年に配下五社とある）。
一、同郡同所　蓮台山荘厳寺
一、同郡同所　勝馬村長寿山西福寺
一、同郡同所　弘浦弘休山香音寺
（中略）

一、同郡東油山村東油山正覚寺（福岡市城南区在）
正覚寺者、本吉祥寺末寺而在㆓于《に》那珂郡志賀島㆒、元禄七年（一六九四）当初移㆑之、委見㆓于泉福寺下㆒（廃壊）、正覚寺は現存

（中略）

〇吉祥寺末寺
一、同郡志賀島　勝光寺　廃壊
一、同郡同所　瑠璃光寺　廃壊
一、同郡同所　志高庵　廃壊
延享二年（一七四六）十二月十七日
承天寺円粲
東福寺参暇禅師
（筑前国続風土記拾遺所収）

円爾《えんに》は鎌倉時代の臨済宗の僧であるが、聖一国師と勅諡されたのは応長元年（一三一一）十二月で、花園天皇によって命名された。円爾の度縁には「皇帝官印」が捺されているのが有名で、現に東福寺が所蔵している。承久元年（一二一九）十月廿日付である。嘉禎元年（一二三五）に南宋に渡り、栄西に引き続き臨済禅を学び、仁治二年（一二四一）七月に帰国した。翌年には謝国明（宋の商人）に招請されて、博多承天寺の開山となった。その後、志賀島の金剛山吉祥寺の開山となったと伝えるが、年代は詳らかでない。阿曇氏の末裔で、志賀社の社司の坂本知家の子、宗岳が第二世となったと伝える。歴代住職の名は阿曇家が伝えるに留

まる。

明治維新を迎えて吉祥寺を廃寺とした阿曇氏は、同所の蓮台山荘厳寺に過去帳をはじめ仏像・仏具を納めたが、『吉祥寺記録』は阿曇家が所蔵している。しかし、一、二巻は拝見できなかったが、今日においては吉祥寺と志賀島の歴史を知り得る唯一の貴重な資料となっている。金印発見の経緯は第二巻に記されているものと推測している。なお記録の巻数に欠如しているものがあり、後日を期して現存の巻数を調査しなかった。

『萬暦家内年鑑』天明四年の条に、

天明四年二月二十三日、志賀島小路町秀次田を墾し大石ノ下ヨリ金印を堀出、

□漢委奴国王（方七歩八厘、高三歩、蛇鈕四歩、重サ二十五匁）(九)

とあり、この条は後日に書き入れたものであろうが、『吉祥寺記録』も同様に記述されているものと筆者は判断している。

なお、人口の少ない志賀島で、廃寺となった多くの寺院を抱えていた理由は文殊信仰か。果たして寺院としての機能を有していたのであろうか。また、志賀島から移転したという正覚寺は、寺伝によれば、廃寺（臨済宗東福寺派）で同宗の正覚寺の名を借りて再興した寺で、志賀島に関する付物は一切所有していないという。寺蔵の木造聚観音像（鎌倉時代）は住古の福泉寺以来の仏像で、現在は国指定重要文化財である（『福岡県の地名』41　平凡社刊）。福岡県城南区東油山創建。

臨済宗承天寺（福岡県博多区）は仁治三年（一二四二）円爾《えんに》によって創建以来、対外交渉史上、その活躍が認められているが、末寺の志賀島右の金剛山吉祥寺はかつて天台宗（円仁が五台山で文殊信仰に帰依）であって、後に臨済宗に改宗されたのであろうか。永正七年（一五一〇）には明から文殊像が送られてきたり、天正二

年（一五七四）には五台山の図古軸を修復している。

この志賀島吉祥寺文殊は、末吉武史氏によって「玉龍山禅寺開山石屋《せきおく》禅師塔銘」の銘文中に「応安辛亥（一三七一）、師年二十有七、竊出南禅、詣丹之九世渡。築之志賀嶋、皆吉祥聖像奉安霊境也……」と、年代をも指摘されている（「福岡市志賀島莊厳寺の仏教」福岡市博物館『研究紀要』第13号）。石屋眞梁《しんりょう》は貞和元年（一三四五）の生誕、薩摩国鹿児島郡の島津氏の菩提寺である福昌寺（創建は島津元久）の開山、南禅寺で得度したが、曹洞宗に帰依する。なお、志賀島吉祥寺文殊の初見史料は、川添昭二氏によれば、永享五年（一四三三）成立の「広智国師乾峰和尚行状」（『続群書類従』第九輯下）にみられ、乾峰士曇《けんぽうしどん》は弘安八年（一二八五）に筑前国博多で誕生、文和四年（一三五五）建長・円覚両寺を兼住する名僧であり、広智国師宣下は貞治元年（一三六二）である。誕生に際して、乾峰和尚の母が志賀島の文殊信仰によって賢子を求めることができたという。ともあれ、志賀の文殊信仰は南北朝時代まで遡ることができよう。

ところで、阿曇氏蔵『萬暦家内年鑑』（写本）にみえる文殊像・文殊堂の制作・創建の年代は不明であるが、文殊像は厨子（天明八年〈一七八八〉記事）に安置されており、文殊堂の規模は文政十二年（一八二九）前年の大風で破損した本社を遷宮させることができるほどの堂であった。明治維新に文殊堂は取り除かれ、文殊像は同村の蓮臺山莊厳寺に移された。

志賀島は文殊信仰の一中心地であったのだろう。多くの子院（廃寺となった寺庵カ）が建立されていたという。また。志賀海神社は式内社《しきないしゃ》であったので、渡海の守護として、騎獅文殊渡海図などは多くの信者を集めたのであろう。

## 2　建久二年十月長講堂所領志賀島御注文（島田家文書）

後白河法皇が創建したといえる長講堂、その創建から間もなくの所領注文（詳細上申書）は建久二年（一一九一）十月に、荘官島田氏によって現状報告がなされ、筑前国志賀嶋の荘園には左の文書によって課役が賦されている。以下、延慶三年八月・応永十四年三月の文書三点は京都大学文学部博物館の古文書第一輯『長講堂目録と島田家文書』（思文閣出版）による。

志賀嶋
　元三(1)雑事
御簾二間　御座二枚小文(2)
砂(3)五両
　三月御八講(4)砂三両
廻御菜(5)一日毎月廿六日
彼岸御布施(6)布二段八月新(7)
門(8)兵士三人　楊梅面門五月上旬十ヶ日
移花(9)十枚

その内容を左の註に示す。

## 註

（1）元三とは、正月三ヵ日をいう。
（2）小文とは、小さい模様をいう。
（3）砂とは、志賀島の砂のこと。一両は十匁（三七・五グラム）。
（4）御八講とは、法華八講会の略。『源氏物語』賢木《さかき》の巻にもみえる。
（5）廻御菜とは、後白河法皇家の御所の食事（か）、志賀島は毎月二十六日が担当であった。当日は二十六夜待である。
（6）御布施用の一段（端）の存在も考えられるが、一般には賦役令による二丈六尺をさすのか。長さ、広さに種類があって定めがたい。正倉院蔵、信濃国の調弁庸の壱端は長さ四丈二尺、広さ二尺四寸とある。また上野国も同様である（松嶋順正編『正倉院宝物銘文集成』）。
（7）粁とは、納期の分量であろう。
（8）後白河上皇の御所である六条殿（京都市下京区）の邸内に持仏堂（長講堂）があって、御所には五ヵ所に門があった。その一つの北門が楊梅《やまもも》小路に面していた。五つの門には庄民が三人ずつ警備に当たっていたが、志賀島庄民は一年に三十人が楊梅小路門に割り当てられていた（『長講堂領目録と島田家文書』思文閣刊、「解説」による記述）。
（9）移花《うつしはな》は移紙ともいう。鴨頭草《つたくさ》（つゆくさ）の花の汁を紙にしみこませて染料としたもの。

## 3　延慶三年八月廿一日付「志賀嶋雑掌爲直書状」（島田家文書）

延慶三年（一三一〇）の書状は、志賀島の雑掌、いわゆる現地を差配する左衛門尉（官職－禁中諸門警護）爲直の解任から始まる。長講堂所領の荘官島田氏（楊梅《やまもも》家）は了印房なる者を雑掌に就任させた。了印房は志賀島で爲直と会い、その旨を伝えたところ爲直は驚き、さらに一層努力することを条件に、爲直は雑掌に返り咲くことになった。おそらく爲直は左衛門尉という官途に就いたので驕り昂ぶることがあったのであろう。この件の後には懸命の努力が知られる。右の件の原文と内容とは左の如し。

一、志賀事、兼ても不レ被二仰下一ハ、俄《にわかに》了印房拝領（志賀島）とて使者下向之間、依驚入候（爲直）、其子細申入候之処（島田楊梅家）、無二別事一如レ元拝領（志賀島之条）畏入候、

次いで続く原文の内容を現代文に要約すると、年貢米を京に運ぶに際して（百石）、普通は一石に対して四斗が相場のところ、三斗で運ぶように努力したと伝え、また茶を入れる口二尺の茶琓（碗《わん》）鉢は田舎では無理と思うが、何とか入手すると伝え、あち（鯵《あじ》）の塩辛は只今は時期的に少量を届けることができるが、明年参上の時には望み通りの量を持参すると伝え、根紫（紫の染料）はまだ手に入らないが、引き続き努力すると伝え、志賀島の海人らの進物は恒例の通りおくったので請取状を願いたいなど、その努力のほどが分かる。ところで、この志賀島の海人の恒例の進物が具体的に書き記されていない。まだ志賀島の年貢米が無事に京に到着した時代である。年代は延慶三年八月廿二日付、左衛門尉爲直（花押）から進上　楊梅殿御中とある。

左に海人の貢納史料を記す。

一、志賀嶋海入等恒例進物、同別紙令レ申候、可レ預二御請取一候。

貢納物は別紙に書いて届けられていたのであるが、本状には記載がない。

## 4　応永十四年三月「宣陽門院御領目録」（八代恒治氏所蔵文書の『集』）

応永十四年（一四〇七）三月、前筑前守島田益直が提出した長講堂領目録案（「長講堂領目六《録》　益直注進〈報告書〉」収載の「宣陽門院御領目録」）に、筑前国志賀嶋は「島田益直相伝、但不二知行一、年貢米百石」とある。おそらく、島田氏は長講堂領を管理する手当てとして、志賀島の知行権利を授かっていたのであろう。今日の勝馬村に庄官の田地を意味する「庄司田」の字名（田・畠）が存続しているところをみると、勝馬村に水田が広がり、志賀島の年貢米百石は、この地域で収穫されていたのあろう。宝暦十四年（一七六四）の「勝馬村田方名引帳」によると、田数十九町六反余、高は二百五十五石余とある。この年貢米百石は島田氏の宛行扶持とみられる。

この後になる年代未詳の「長講堂所領目録写」（東山御文庫記録）で、異筆の「応永廿写遣二武家一」と書かれている御領には、志賀島の荘名はみえない。応永二十年（一四一三）には長講堂領は崩れ、志賀島は武家の争奪地と変容し、当時は九州探題の渋川満頼が勢力を伸張していたので、筑前国守護少弐満貞とは拮抗の仲であった。このような状況下にあって、文明元年（一四六九）に、少弐頼忠は対馬の東月寺住持を志賀島の志賀海神社の宮司に任命している。吉祥寺との関係は不明である。その後、筑前国守護大内政弘の領地となり、文明十二年（一四八〇）七月二十五日には、左京大夫従四位多々良朝臣の地位の下に、政弘は志賀大明神に、下知状をもって安堵している（志賀海神社所蔵）。

なお、武家が長講堂領を濫妨《らんぼう》するようになるのは、足利直義下知状（島田家所蔵）による「長講堂領筑前国志賀嶋雑掌宗治申当嶋事」によると、島田遠直が管理していた時代で、最初は建武四年（一三三七）八月、二回目は同五年七月、三回目は暦応二年（一三三九）十二月、四回目は下知状の康永三年（一三四四）五月で、一色道猷の家臣による濫妨であったという。下知状は康永三年十一月十七日付である。しかし、その後も濫妨に苦しみながら御領は暫く継続された。

# あとがき

かって昭和四十九年七月に『研究史金印』（吉川弘文館刊）を出版したが、これは佐伯有清教授（北海道大学）の推薦によるもので、内容を天明四年以来の、時代別に金印研究の推移を読者に分るように記述して貰いたい、ということであったが、金印の「委奴国」の読み方も千差万別であったので、止むを得ず、発表年代を追ってその読み方を紹介することを提案し、かくて金印の出土地点・出土状況・遺跡の性格・金印の刻法・鈕形・字形に至るまで、同じく発表年代にしたがって記述した。

しかし、金印偽作説・私印説については特に展開がないので紙幅を削った。なお、専門家でないと無理な「金印の製作法」については鋳金家の会田富康氏（日展評議員）に、蛇鈕印については小林庸浩氏（号・斗盦《とあん》、後に文化勲章授賞）に依頼した。また読者に申し訳ないのは、文献索引の頁数に誤りが多いことである。この誤りは締め切り間際に再度、原稿を手直しをしたことによる。

此度の拙著は管見を主とし、Ⅰ金印紫綬をめぐって、Ⅱ阿曇氏―金印出土地出身氏族、Ⅲ志賀島―金印発掘の経緯、の三部に分類してみたが、三部ともに相互に関係があり、正しい分類とは思わないが、便宜上の分類と察していただければ幸甚である。史料の掲載としては、Ⅰ部に亀井南冥「漢印図説」、来行学『宣和集古印史』官印序文、Ⅱ部に六国史中の阿曇・安曇連《むらじ》の史料、Ⅲ部には島田家の伝来史料から、長講堂所領となった志賀島の現状の三点を挙げた。

「あとがき」であるが、本文の執筆で申し損ねたことを記述して結びとしたい。

まず、Ｉ部の「委奴国王」であるが、百衲本（范曄撰）『後漢書』光武帝紀第一下に、「中元二年（五七）春正月辛未（八日）……東夷倭奴国主使を遣わして献じ奉る」（原漢文）とあるが、この史料は同書列伝第七十五、東夷倭伝の「建武中元二年倭奴国、奉貢朝賀す。……光武賜うに印綬を以てす」（原漢文）に対応するものである。これが唐初の『翰苑』倭国伝では「中元之際、紫綬之栄」となり、その雍公叡の注には、范曄の『後漢書』以外の倭伝に「光武中元年二、倭国奉貢朝賀す」とあって、「倭奴国」を「倭国」とする。

次いで、范曄の『後漢書』倭伝には、「安帝永初元年（一〇七）倭国王師升等」とあるが、『翰苑』が引く倭国伝では「安帝永初元年、倭面上国王師升至る有り」（原漢文）とあって、「倭奴国主」と記すのは、范曄の光武帝紀の記述のみである。しかも同書で国王を国主と記すのは、この一ヵ所であるので、あるいは転写の際の誤りとも考えられる。であるが、「魏志」倭人伝の裴松之の注（元嘉六年〈四二九〉）に「魏略に曰く、其の俗、正歳四節を知らず、但、春耕秋收を計りて年紀と為す」（原漢文。「主」の○印は筆者が付す）とあることによって、倭国は文明国とは認められず、国王の貶称《へんしょう》として国主を用いた可能性もある。『続漢書』志第二十八、百官五の四夷国の条をみると、「四夷には国王・率衆王・帰義侯・邑君・邑長（の外）、皆な丞比・郡県有り」と記す。国主が漢帝による称号であるとすれば、この金印「漢委奴国王」の下賜は、倭奴国の文化面によるものではなく、遠隔地から洛陽に至る朝貢が金印紫綬に価したことになろう。

かって、考古学の駒井和愛《かずちか》東京大学教授は、昭和四十五年五月十一日の『朝日新聞』夕刊で、「掘出された金印によせて」と題し、要約すると、（1）倭から楽浪・帯方や中国本土への貢物の主要なものは生口である。「魏志」倭人伝には牛・馬なしの報告であるので、当時の生口は人間ということになる。（2）楽浪・帯方時代は鉄製兵器が全盛時代で、青銅の剣などは問題にならない。（3）楽浪郡朝鮮県から出土する品は、わが弥生時代など到底足もとにも及ばない。（４）倭人に高い楽浪文化が影響を与えなかったのも、倭人が朝鮮県までは入らなかったことによる。（５）光武帝の時代に、倭人が洛陽まで行ったとは思えない。金印は中央政府を代表する楽浪郡太守とか、天子の仕事を代行する楽浪礼官《れいかん》とかが、朝鮮県で作らせたものである。

右の倭奴国が金印授与された時代の駒井教授五条のうち、一番気になるのは最後の（５）の記述である。倭人・倭国の称号は楽浪郡の漢人によって命名されても不思議ではないが、「漢委奴国王」の金印が楽浪郡の礼官などが、朝鮮県で造らせたというのは如何なものであろうか。武帝は朝鮮を攻略する前のこと、諸侯に対して、酎金の律と称して、皇帝へ黄金を規定（少府が質量を担当）のもとに献上させる法は、後漢においては継承されなかったようであるが、郡の出先機関が金を保管することが許されていたであろうか。確かに、前漢の武帝が朝鮮を侵略した理由は、朝鮮北部の黄金の獲得が目的であったはずで、半島における鉱産物の首位は近年まで黄金で、楽浪郡の北部の平安北道に多く産出する。しかも、金印紫綬が皇帝から下賜されなければ「紫綬之栄」という語句での表現がないのではあるまいか。

ところが、「例外のない現則はない」の仮令のとおり、烏孫《うそん》には例外的な金印紫綬が授けられている。それは、『漢書』西域伝の烏孫国のことであるが、武帝の元封年間（前一一〇〜一〇五）のこと、江都王建の女細君《さいくん》を公主として烏孫王に嫁がせたことが縁で、後年に烏孫の上級官吏三人に対して揃って、西域都護が宣帝の許可を得て金印紫綬を授けたという記事がある。その経緯は、宣帝の甘露三年（前五一）以後のことであるが、公主細君が年老いて、漢に帰国が許され故郷で卒した。しかし、孫が大昆彌《こんび》（王）になると、かつての公主の侍女が幼弱な王を援助したいと申し出て、卒《そつ》百人がしたがった。この盛儀に都護韓宣が烏孫の大吏・大禄・大監の三人に対して金印紫綬を賜わるべく漢帝の許可を得たという。しかし、その後の政争に捲き込まれて、三人は身分相応の銅印墨綬を改めて与えられたという。

元来、公主は漢制による県公主で、列侯と同格で、『漢書』の百官公卿表第七上によると、金印紫綬を賜るのは、相国・丞相・太尉・大司馬・太傅《たいふ》・太師・左右将軍・徹侯（後に列侯）などの高官であるが、蛮夷の諸国王に対する印綬の制度は設けていなかった。蛮夷諸国王に金印紫綬を与えても、印紐は内臣の亀紐ではなく、亀以外の獣紐であるので、官制による印綬でないことがわかる。これはやはり仮綬に等しいと判断されまいか。『後漢書』西羌伝の仮綬のばあいは「麻奴（焼当の種号）が三千余戸を将《ひき》いて、漢陽太守に降服したので、安帝は金印紫綬を仮し、かつ金銀綵繒を賜う」とあるので、仮綬は漢軍に降服した時にも用いられている。この事実は、三国時代の魏が倭国の朝貢に金印紫綬を与えた仮綬も特に意味を持つものではなかったといえよう。湯浅幸孫教授が『翰苑校釈』（国書刊行会、昭和五十八年二月刊）の倭国の条で、「假金印紫綬は、朝廷より暫時印綬を給与したという意味、假は貸与するという意味であって、賜印綬とは軽重の差がある。金印紫綬は、漢以来、三公・丞相等の大臣に与える印綬」と、仮印綬と賜印綬とでは、軽重の差があったと述べているが、筆者は漢室が蛮夷に与えた印綬は、仮印綬であれ、賜印綬であれ、漢・魏官制外にあって、表現こそ相違するが、その意味するところはすべて仮綬であったと推測している。

また、烏孫上級官吏三人が授かったのは金鍍金で、宮中で鋳造されたものではなく、朝廷の出先機関で造られたものと考えている。

なお一言、付け加えておく。官印の「つまみ」には「紐」と「鈕」の双方の漢字が当てられているが、三国（魏・

呉・蜀）時代までは紐字が用いられ、晋朝以後になって鈕字が用いられるようになった（『晋書』輿服志）。以来、適宜に用いられ、日本においては鈕字が一般に用いられているが、韓国の高麗時代には紐字を用いており（『高麗史』輿服志印章）、古代より終始一貫して、官印には紐字を用いてきたが、今日では鈕字が用いられている。

Ⅱ部に阿曇氏を設けたのは、金印の発見場所が阿曇氏の勢力範囲に属するからである。

つぎは、Ⅲ部の「甚兵衛の抱田地」から金印が出土したことであるが、甚兵衛の口上書を書いた志賀島の志賀島村・勝馬村の両村の庄屋長谷川武蔵は、享和三年（一八〇三）に至るまで三十六年間に及んで勝馬村庄屋を、その間二十年間にわたって志賀島村庄屋をも兼務したと伝える（蒲地家文書）。金印発見の天明四年は、武蔵にとっては志賀島庄屋就任から間もなくのことであった。しかも武蔵は優れた漢学者であり、世事にも長けていたと推測できるが、現在のところ「御用日記」「御用留」の外に自身の「日記」さえ見当らない。また天明四年の金印発見から間もなく「金印弁《きんいんべん》」を公表した儒医亀井南冥、同じく修猷館《しゅうゆうかん》の竹田定長（梅廬《ばいろ》）らの「金印議」にしても、庄屋武蔵と金印発見者という甚兵衛にも面会した記録がない。

那珂郡の大庄屋であった王丸家には、親戚筋に当る有田清貞という人の「金印考」が伝えられているが、当地としては当然のことである（「金印発見二百年展図録」掲載）。

また甚兵衛の存在も志賀海神社の宮司阿曇家に「寛政二年五月　那珂郡志賀嶋村田畠名寄帳（中冊）」があって、加筆に甚兵衛の名があるが、当の本人か否か、極め難い。金印出土地の「私抱田地叶の崎と申所」の「叶の崎」を昭和四十九年（一九七四）に、九州大学文学部考古学研究室の岡崎敬教授を団長とする発掘調査を行うに際し、まず従来指摘の絵図面「金印発光之処碑」から客船の船着き場にむかう左岸渕の道路添いを土地台帳で調べたが、小字名「叶の崎」を発見できず、さきの名寄帳からも水田「字叶崎」を見出すことができなかった。

この調査団による発掘地については、「現在の沢より北側に古い時代の沢が流れていたことが確認できた」。しかし「今回の調査は金印出土地としての考古学的な根拠を見出すことができなかったが、推定地として考えられる立地条件は他の場所より強く残っており、これからも追求していかなくてはならない」と述べている（『志賀島―漢委奴国王金印と志賀島の考古学的研究―』福岡市、一九七五年）。

なお、金印出土地の研究は、福岡市埋蔵文化財課主席文化財主事である塩谷勝利氏が調査担当で発表した『志賀島・玄海島』（福岡市教育委員会、一九九五年）で、従来の「金印出土地以外に有益な遺跡が存在することが分かり、今後の発掘調査によって原始〜中世に至る志賀島の歴史が明らかにされることが期待できる」と結んでいる（「金印出土地―今後の課題」一〇二頁）。

文献上から推測できる「甚兵衛の抱田地」とは、村の水田地帯から接続して開発された新田であり、規模が広ければ外部の百姓を入村させたであろうが、甚兵衛の抱田地を推測すると、水田の脇の荒地を新田とした開発で、極めて小規模であったとみられる。察するに、従来の水田から新規の水田に至る水路は、開発したばかりで、土砂が川筋で詰り、土砂などを除く作業が必要であった。その場所は甚兵衛の口上書に「岸を切落シ居申候処、小キ石段々出候」とあれば、新規の新田は従来の水田の下にあって、石が重なって水の道筋を土砂・枯葉などが塞ぐ場所と考えられる。昭和二十六年前後には米穀増産のためか、金印碑の道路の南下、崖にそって階段状の小規模な水田があったが、参考の対象になろう（『金印が出た土地　岩波写真文庫46』八頁「志賀島・金出土の地」の写真中央に小規模な水田が見える）。

金印碑が建つ前（南）の道路は、明治十八年の土地台帳（字古戸）をみると、まだ道路は階段状に三段に分かれた水田であった（『研究史金印』）。この度、ＮＰＯ法人志賀島歴史研究会の松田利之氏（弘・在住）により、「昭和26年当時は金印塚前の道路は馬車が通れる程の道（2.5ｍ）で、志賀町が福岡市に合併された（昭和46年四月五日）後に、道路拡張工事が行われた。それまでは金印碑の前（道の下）にも水田があり、弘部落に至る方にも水田や畑があり、南浦には松林も続いていた」との報告を受けた。弘部落にむかう地続きの字「叶の崎」の状況についてはまだ報告を受けていない。

大石久敬『地方凡例帳』は寛政年間（十八世紀末）の著作といわれ、抱田地・抱屋敷について、「之《これ》は其村の百姓にてハあらずして外《ほか》より其村の田地屋敷を所持するを云」とあるのは、新田開発が広い範囲にわたって行われた場合を指しているのであろう。

そこで、甚兵衛の口上書が正しければ、金印は上段の水田の水を受けて新田を工事したところ、石の間を流れる水の中で光っていたことになろう。人類学・物理学専攻の学者の中では、土砂水の流れの中で、原形を保っていることに対し、発見場所を否定する人もある。さて、金印は志賀島から発見されたとしたら何処からであろうか。天明四年前後の宗門人別帳が発見されていないので、極めて厳しい現状である。

なお、志賀島の長講堂領荘園の史料掲載は、志賀島村の漁撈活動が、北隣の勝馬村における農耕活動に押されていく過程を知らしめるものとして採用したのである。

金印の文献上の調査には、この六十年間に多くの先学の世話になった。現地では考古学の分野で九州大学の岡崎敬教授・西谷正教授、文献としては早稲田大学の栗原朋信教授（漢代印制）、福岡県史の重鎮である木村秀明・筑紫豊の両氏、郷土史では北畠菊蔵先生、志賀島公民館の日下部国男氏をはじめ多くの方々のご協力を得た。現地（九州）以外の史料・研究論文などは桃裕行教授（東京大学史料編纂所）（以上、いずれも当時の肩書き・所属）から逐次連絡を下さった。また地方《じかた》史料についてはNPO法人志賀島歴史研究会のご好意と、特に志賀島村の近世文書では、旧官幣小社志賀海神社の宮司家である阿曇磯美宮司・同磯興宮司・同磯和宮司、そして今回の調査（平成二十五年六月）では権禰宜平澤憲子様と四代にわたって全面的に協力下され、かつ、福岡市の市史編纂室の方々も加わってくだされ、感謝に堪えない。

この拙著をもって、金印「漢委奴国王」の研究を終えて筆を擱くのは本意ではないが、八十八歳という年令で眼も不自由になり、ご寛容のほどを願う次第である。

また出版に際しては、二松學舍大学非常勤助手久米晋平氏の献身的な努力と、雄山閣編集部の羽佐田眞一氏に多くの手数を煩わした。ここに心から謝意を申し上げる次第である。

## 著者紹介


**大谷光男**（おおたに みつお）

1927年東京都杉並区生まれ。早稲田大学文学部史学科（旧制）卒業。二松學舍大学名誉教授。古代史専攻。


著書に『研究史金印』（吉川弘文館）、『古代の暦日』『邪馬台国時代』（雄山閣出版）、『東アジアの古代史を探る—暦と印章をめぐって—』（大東文化大学東洋研究所）、共著に『金印ものがたり』（西日本図書館コンサルタント協会）、『日本暦日総覧』20巻（本の友社）、『金印研究論文集成』（新人物往来社）、『年代学（天文・暦・陰陽道）の研究』（汲古書院）、監修に『旧暦で読み解く日本の習わし』（青春出版社）ほか多数。


2014年4月25日 初版発行　《検印省略》

# 金印再考《きんいんさいこう》—委奴国《やまとこく》・阿曇氏《あずみし》・志賀島《しかのしま》—

著　者　大谷光男

発行者　宮田哲男

発行所　株式会社 雄山閣

東京都千代田区富士見2-6-9

ＴＥＬ　03-3262-3231／ＦＡＸ　03-3262-6938

ＵＲＬ　http://www.yuzankaku.co.jp

e-mail　info@yuzankaku.co.jp

振　替：00130-5-1685

印刷所　株式会社 ティーケー出版印刷

製本所　協栄製本株式会社





ISBN978-4-639-02303-6 C0021
N.D.C.210　214p　21cm